2015年浙江省哲学社会科学规划后期资助项目
（课题编号：15HQZZ030）

浙江省哲学社会科学规划
后期资助课题成果文库

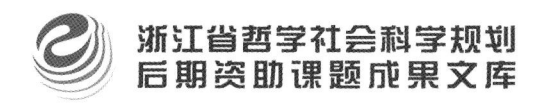

中国农产品安全生产的技术进步方向

Directed Technical Change of China's Agriculture Product Safety

孙艳香 著

中国社会科学出版社

图书在版编目(CIP)数据

中国农产品安全生产的技术进步方向 / 孙艳香著. —北京：中国社会科学出版社，2017.7

(浙江省哲学社会科学规划后期资助课题成果文库)

ISBN 978 – 7 – 5203 – 0829 – 8

Ⅰ.①中… Ⅱ.①孙… Ⅲ.①产品生产 – 研究 – 中国 Ⅳ.①F326.5

中国版本图书馆 CIP 数据核字(2017)第 195814 号

出 版 人	赵剑英
责任编辑	宫京蕾
责任校对	秦 婵
责任印制	李寡寡

出　　版	中国社会科学出版社
社　　址	北京鼓楼西大街甲 158 号
邮　　编	100720
网　　址	http：//www.csspw.cn
发 行 部	010 – 84083685
门 市 部	010 – 84029450
经　　销	新华书店及其他书店

印刷装订	北京君升印刷有限公司
版　　次	2017 年 7 月第 1 版
印　　次	2017 年 7 月第 1 次印刷

开　　本	710×1000　1/16
印　　张	9.5
插　　页	2
字　　数	165 千字
定　　价	45.00 元

凡购买中国社会科学出版社图书，如有质量问题请与本社营销中心联系调换
电话：010 – 84033683

版权所有　侵权必究

目　　录

第一章　绪论 …………………………………………………………（1）

　第一节　研究背景与意义 ……………………………………………（1）
　　一　研究背景 ………………………………………………………（1）
　　二　研究意义 ………………………………………………………（2）
　第二节　核心概念的界定 ……………………………………………（3）
　　一　农产品安全生产 ………………………………………………（3）
　　二　技术进步的方向 ………………………………………………（4）
　　三　技术扩散与选择 ………………………………………………（5）
　第三节　研究内容与研究思路 ………………………………………（6）
　　一　研究内容 ………………………………………………………（6）
　　二　研究思路 ………………………………………………………（7）
　第四节　技术路线与研究方法 ………………………………………（8）
　　一　技术路线 ………………………………………………………（8）
　　二　研究方法 ………………………………………………………（9）
　第五节　可能的创新 …………………………………………………（9）

第二章　农产品安全生产与技术进步方向的文献综述 ………………（11）

　第一节　农产品安全生产 ……………………………………………（11）
　　一　对农产品生产安全的认知 ……………………………………（11）
　　二　农产品安全生产现状剖析 ……………………………………（13）
　　三　农产品安全问题产生根源 ……………………………………（13）
　　四　农产品安全问题解决对策 ……………………………………（15）
　第二节　技术进步与技术进步方向 …………………………………（18）
　　一　技术进步理论的历史溯源 ……………………………………（18）

二　技术进步方向的理论脉络……………………………………（21）
　第三节　技术扩散与技术选择………………………………………（24）
　　一　技术扩散机制……………………………………………………（25）
　　二　技术扩散路径……………………………………………………（26）
　　三　技术扩散模型……………………………………………………（29）
　　四　技术扩散尺度……………………………………………………（31）
　　五　技术选择理论……………………………………………………（32）
　第四节　农业技术进步方向、农业技术扩散与选择………………（34）
　　一　农业技术进步方向………………………………………………（34）
　　二　农业技术扩散……………………………………………………（37）
　　三　农业技术选择……………………………………………………（38）
　第五节　理论述评及研究展望………………………………………（40）
　　一　现有文献述评……………………………………………………（40）
　　二　研究方向展望……………………………………………………（42）

第三章　中国农产品安全生产技术的逆选择困境……………………（44）
　第一节　农产品安全生产技术的进步方向…………………………（44）
　　一　农产品安全生产技术……………………………………………（45）
　　二　农业投入品安全技术……………………………………………（46）
　第二节　农产品安全生产技术的逆选择困境………………………（47）
　　一　农药的过度使用困境……………………………………………（47）
　　二　化学农药的过量使用……………………………………………（49）
　第三节　农户农药技术选择意愿的实证分析………………………（50）
　　一　研究假设…………………………………………………………（50）
　　二　研究方法及模型选择……………………………………………（51）
　　三　变量说明及数据来源……………………………………………（52）
　　四　样本描述性分析…………………………………………………（53）
　　五　Logistic 模型的估计与检验……………………………………（55）
　第四节　小结…………………………………………………………（58）

第四章　基于农业技术进步方向的内生增长模型……………………（60）
　第一节　模型设定……………………………………………………（60）
　　一　居民户效用设定…………………………………………………（61）
　　二　生产者行为设定…………………………………………………（61）

三　创新行为的设定 …………………………………………（63）
　第二节　自由放任条件下的均衡 …………………………………（64）
　　一　变量设定 ………………………………………………（64）
　　二　给定技术水平的创新均衡 ………………………………（65）
　　三　两个部门生产率动态变化 ………………………………（66）
　　四　农业技术进步方向的决定 ………………………………（67）
　　五　自由放任状态下的均衡解 ………………………………（68）
　第三节　方向性的技术进步与农产品安全问题 …………………（70）
　　一　通过津贴调整技术进步方向 ……………………………（71）
　　二　通过税收调整技术进步方向 ……………………………（72）
　　三　技术进步方向不可调整问题 ……………………………（73）
　第四节　小结 ………………………………………………………（73）

第五章　实证检验：中国农药技术的进步方向 ………………………（75）
　第一节　中国农产品安全生产中的两种农药技术 ………………（75）
　　一　农药 ……………………………………………………（75）
　　二　化学农药 ………………………………………………（76）
　　三　生物农药 ………………………………………………（76）
　　四　两种技术的关系：替代还是互补？ ……………………（78）
　第二节　两种农药技术扩散速度测定方法说明 …………………（80）
　　一　农药产业的行业归属 ……………………………………（80）
　　二　模型的构建与说明 ………………………………………（81）
　第三节　技术扩散速度测定 ………………………………………（83）
　　一　化学农药产业的技术扩散速度 …………………………（83）
　　二　生物农药产业的技术扩散速度 …………………………（87）
　第四节　不同产（行）业技术扩散的比较分析 …………………（90）
　　一　社会全行业的技术扩散速度测定 ………………………（91）
　　二　农业全行业的技术扩散速度测定 ………………………（91）
　　三　不同产（行）业技术扩散速度比较 ……………………（92）
　第五节　小结 ………………………………………………………（94）

第六章　案例：罗幔杨梅技术的扩散与选择 …………………………（95）
　第一节　门槛模型与农业技术扩散 ………………………………（96）
　　一　农业技术扩散的特殊性 …………………………………（96）

二　门槛模型中的技术扩散 …………………………………… (96)
　　三　门槛模型在农业技术扩散中的适用性 …………………… (97)
　第二节　案例的选取：罗幔杨梅技术 ……………………………… (97)
　　一　案例背景 …………………………………………………… (97)
　　二　杨梅生产技术进步的不同方向 …………………………… (98)
　第三节　罗幔杨梅技术的扩散与选择过程 ……………………… (100)
　第四节　罗幔杨梅技术扩散与选择的博弈过程 ………………… (101)
　　一　第一阶段的技术扩散与选择博弈 ………………………… (102)
　　二　第二阶段的技术扩散与选择博弈 ………………………… (103)
　第五节　小结 ……………………………………………………… (104)
第七章　农产品安全生产的政策规制 ………………………………… (106)
　第一节　影响农药技术进步方向的因素体系 …………………… (106)
　第二节　影响农药技术进步方向的宏观环境 …………………… (109)
　　一　国际环境 …………………………………………………… (109)
　　二　社会环境 …………………………………………………… (110)
　　三　经济环境 …………………………………………………… (110)
　　四　政策环境 …………………………………………………… (111)
　第三节　影响农药技术进步方向的中观环境 …………………… (112)
　　一　市场结构 …………………………………………………… (112)
　　二　产品结构 …………………………………………………… (113)
　第四节　影响农药技术进步方向的微观因素 …………………… (114)
　　一　技术供给 …………………………………………………… (114)
　　二　推广中介 …………………………………………………… (115)
　　三　流通环节 …………………………………………………… (116)
　　四　技术采纳 …………………………………………………… (117)
　第五节　农产品安全生产的有效规制体系 ……………………… (117)
　　一　对农药技术进步方向的规制 ……………………………… (118)
　　二　对农药技术扩散的政策规制 ……………………………… (120)
　　三　对农药技术选择的政策规制 ……………………………… (122)
　第六节　小结 ……………………………………………………… (123)
第八章　结论与讨论 …………………………………………………… (124)
　第一节　主要结论 ………………………………………………… (124)

第二节　政策建议 …………………………………………（126）
第三节　研究展望 …………………………………………（127）
参考文献 ……………………………………………………（129）
问卷调查　农户生物农药应用现状及其影响因素的调查…………（143）

第一章

绪　　论

第一节　研究背景与意义

一　研究背景

随着全球经济的发展，食品质量和安全问题已经成为世界各国共同关注的焦点。从国际上来看，疯牛病、禽流感、二噁英等重大食品安全事件的爆发与流行已经对世界各国的经济社会发展产生巨大影响。世界各国尤其是发达国家都将其视为关系国计民生、国家安全和社会稳定的头等大事，不断加强对食品安全问题的理论研究，管制措施也日趋完善。在国内，由于农产品安全生产的良性发展机制尚未建立，市场机制仍未充分发挥作用，近年来食品安全问题层出不穷，诸如"瘦肉精"、"毒生姜"、"镉大米"等恶性农产品安全生产事件频繁发生。由于食品安全问题具有较强的负外部性，已成为严重影响我国民众切身利益、危害社会稳定的重要因素[①]，学术界对食品安全给予了极高的关注。

食品安全问题的四个主要来源：第一类是受自然环境或客观条件影响的不可抗力的外部因素；第二类是食品检测监督条件不完善，即从业人员非主动性过失；第三类是食品供应链（包括农产品生产—加工—物流—销售）上的利益相关者的人为影响；第四类是食品安全监管不健全的人为影响。上述四个来源中，第一类与第二类属于不可抗的非人力因素，并非本书所关注的对象；而第三类与第四类作为人力因素，正是本书试图解析的问题。文稿将聚焦于食品供应链上的第一环即农产品生产过程的人为影

---

① 有不少研究表明，"令人不安的食品安全"与"生活成本和房价上涨"、"社会保障体系不健全"等因素一起构成了我国民众幸福指数较低的主要原因（乐正，2006；周四军、庄成杰，2008；苗元江，2009；龚强等，2013）。

响,并尝试回答以下问题:

在农产品生产过程中,农业技术进步扮演了重要角色。但是,农业技术进步方向(Agriculture Directed Technical Change,ADTC)是否影响了农产品生产的安全性?如果将农业技术进步划分为"安全"的农业技术进步和"不安全"的农业技术进步两种类型,使用"安全"的农业技术进步使得农产品的安全性增加,对环境的影响没有负外部性;而使用"不安全"的农业技术进步使得农产品的安全性降低,农药残留严重,对环境的影响有较强的负外部性。现有关于农产品安全问题的研究大多停留在对食品安全的事后追责与隔靴搔痒式的食品安全政策建议上。然而,要对不同食品安全政策进行深度经济学解析的一个令人满意的研究框架,必须包括不同类型技术对政策的内生反应。这为我们提供了一个分析农产品安全生产问题的全新思路。农产品安全生产问题能否追溯至两种不同类型的农业技术进步?能否将农业技术进步方向纳入一个内生增长模型,进而研究两种类型的技术进步对政策的内生反应?当把政策规制也纳入这一模型时,能否构建一个囊括了"技术进步方向—技术扩散—技术选择—政策规制"的有机体系?

此外,在农产品生产过程中,为什么"不安全"的技术更容易被经营者选择性地接受并广泛传播?而"安全"的技术则与之相反?如何解释农产品生产技术市场上存在着"劣币驱逐良币"的现象?如果将这一技术选择过程动态化,仅用成本因素显然并不足以解释全部,那么,能否预设两种类型的技术进步由于扩散速度的不同而导致技术市场上的逆选择?能否较准确地测定两种技术的扩散速度?影响两种类型技术进步扩散速度的因素是一致的吗?

二 研究意义

本研究的理论意义在于:(1)将农业技术进步方向纳入内生增长模型,为技术进步方向模型拓宽应用范围;(2)在现有的农业技术进步理论范围内进一步边际拓展,提出两种类型农产品生产技术的扩散速度测定方法,为农产品生产技术市场上的"劣币驱逐良币"现象提供更有说服力的理论解释;(3)通过中国农产品生产中的技术应用进行实证分析,验证模型所提出的假设。

本研究的实践意义在于:(1)为分析农产品安全生产(包括食品安

全）问题提供一种新的理论视角与思路；（2）为农产品安全生产问题提供有效的规制路径；（3）为解决中国食品安全问题的第三、第四类问题提供相应的政策建议。

第二节 核心概念的界定

一 农产品安全生产

食品安全包含数量安全（Food Security）与质量安全（Food Safety）两个方面，目前国外文献偏向于使用内涵更广泛的 Food Security，它不仅包括数量安全，也包括质量安全。如联合国粮农组织（Food and Agriculture Organization of United Nations，FAO）2010 年的报告中提出，粮食安全是全球面临的最大挑战。此类观点在国际获得广泛认同（如 Brown，2008；Alber Sasson，2012；John Helliwell，et al.，2012）。也有一些文献则专指质量安全，如世界卫生组织（WHO）1984 年在一份题为《食品安全在卫生和发展中的作用》的文件中，把"食品安全"与"食品卫生"定义为同意语，持类似观点的还有冯·布劳恩（Von Braun，1992）、艾里克·吉拉德（Eric Giraud，2009）等。本书所提到的食品安全更偏重于质量安全。

农产品安全（Agriculture Product Safety）是食品安全的基础与前提，根据上文对食品安全的界定，亦可理解为"农产品质量安全"。根据杨万江（2006）、徐晓新（2002）的界定，中国的农产品安全是一个复杂的"从农田到餐桌"的系统工程。本书认为，农产品的质量安全与农产品的供应链相一致，涉及生产、加工、销售等各个环节，其中，生产环节是农产品质量的源头与基础。

农产品安全生产（Agro-product Safety Production）需要技术进步的支持，农产品安全生产技术是现代农业技术在农产品生产全过程中的实施与应用。它是现代农业技术在农产品的产前、产中和产后等重要环节的应用与贯穿，是现代技术进步与农业生产、安全检测、全程监控的融合。按照李中东（2009）、王纪华（2010）、钱原铭（2011）等人的观点，我国农产品安全生产技术包括作物新品种选育技术、农业投入品安全技术、现代设施农业技术、农产品绿色贮藏技术、农产品安全监控智能化技术、农产品安全溯源技术和快速检测技术等。

在本书中，农产品安全生产技术主要指农业投入品安全技术。在农业生产过程中，施用量最大的农业投入品一般指化肥与农药。对现有农业投入品化肥与农药进行技术创新，实施安全、环保的生产技术，有效控制农业投入品对农产品安全的影响。本书的研究将聚焦于农药这一主要的农业投入品的技术进步，即通过化学农药与生物农药的研制与开发，除研制低毒、高效、低残留的化学农药外，还要开发生物、植物源药物减少农产品的农药残留，有效提高农产品的质量安全。

二 技术进步的方向

技术进步的方向（Direction of Technical Change，DTC）自希克斯（Hicke，1932）以来就占据了经济学家们的视野。然而，学者们更多地青睐技术进步的变动率，如索罗（Solow，1956）、罗默（Romer，1990）、阿格赫恩和豪威特（Aghion and Howitt，1992）。内生化的技术进步方向近年来取得了方法论意义上的重大突破，最有代表性的研究是由阿西莫格鲁（Acemoglu，1997，1998，2002）提出的。在 Acemoglu 的一系列研究中，他认为技术进步方向是工资差距的主要原因，并会导致技术偏向型的技术进步（即有偏的技术进步）。技术进步方向的含义在其两个应用方向上有所不同（尽管在系列文献中均未给出关于技术进步方向明确的内涵界定），第一个应用方向是工资不平等，这一研究方向的技术进步方向的内涵与有偏的技术进步较为接近；第二个应用方向是环境问题，技术进步方向在这一研究方向上明确指向了不同部门的技术进步会出现差异。本书所提及的技术进步方向更多地偏向于第二种，即同质性的技术创新资源配置在相关的（互补的或相互替代的）异质性部门，而导致的在不同部门技术创新效率即技术进步的差异，并进而研究这种差异带来的可能后果。

方向性技术进步（Directed Technical Change）在文献中也频繁出现，其含义与技术进步方向类似，是同质性的技术创新资源配置在某一特定的生产部门。

技术进步方向的重置（Redirection of Technical Change）或"技术进步的转向"与技术进步方向相关联，是指在市场作用或社会计划者的作用下，同质性的技术创新资源在不同生产部门之间的重新配置，从而影响技术进步的的社会后果。

上述三个概念可能会在不同场合交替使用，但是，文献中的另一个与之紧密相关但含义却截然不同的术语在此有必要加以区分，即"有偏的技术进步"（Biased Technical Change，BTC）。有偏的技术进步，指技术进步是显著有偏的，表现为生产中投入的要素，包括资本 K、劳动 L 的产出弹性是不同的。如产出弹性的增长较多来自资本特征比较强的技术时，技术进步就是资本密集型的（Capital - intensive），或可称之为劳动集约型的（Labour - saving）。反之，当产出弹性增长较多来自劳动特征较强的技术时，则为劳动密集型（Labor - intensive）或资本集约型的（Robinson，1938）。有偏的技术进步与中性技术进步相对应。当技术进步中性时，技术的变动会导致等产量曲线平行移动而斜率不变；当技术进步有偏时，等产量曲线的位置与斜率都发生变化。

三　技术扩散与选择

技术扩散（Technique Diffusion）是技术进步的后续过程，技术进步是通过技术扩散的形式影响社会经济增长的，一项技术创新只有被广泛地推广和应用，才能真正体现其社会价值和经济价值。就这个意义而言，技术扩散与技术进步同等重要。技术扩散"不仅是技术创新过程中的后续子过程，而且同时又是一个完整独立的技术与经济结合的运动过程"（Bass，1980），也正如舒尔茨（T. W. Schultz）所说："没有扩散，创新便不可能对经济产生影响。"[1] 我们可以把技术扩散看作某项技术或技术产品由最初的少数人采用到后来的大多数人普遍采用的过程，或是某种技术在经济和地理空间上不断传播和利用。它包括两个层面的含义：其一是指新技术创新之后的继续利用；其二是指新技术产生后，采用者不断增加。

农业技术扩散（Agriculture Technique Diffusion）是一个动态渗透过程，新技术借由技术扩散不断渗透到农业的生产过程中，进而推动农业经济的持续增长，这一过程可以通过农业技术推广等途径来实现。

技术选择（Technique Choice）与技术扩散紧密相关。在新古典增长理论中，发展中国家通过技术扩散和技术转移使用处于发达国家技术前沿后面的技术（Caselli、Coleman，2000），发展中国家虽然可以较低成本从发达国家引进技术，但面临着哪一类技术比较适合模仿或者引进的问题。

---

[1] 参见 T. W. Schultz《人力资本投资》，商务印书馆1990年版。

阿特金森和斯蒂格里茨（Atkinson and Stiglitz，1969）把合适技术（或译作"适宜技术"）的思想引入新古典贸易理论，提出"localized learning by doing"（区域性的干中学）。然而，适宜技术思想并未回答技术扩散与适宜技术之间应做怎样的技术选择路径。林毅夫（Lin，1994，1996a，1996b，1999，2001）所提出的技术选择假说则对此问题进行了解答，认为大多数发展中国家未能成功地缩小与发达国家的差距，主要是由于其政府选择了不适当的发展战略。林毅夫之后的研究（2004，2006）则继续从宏观角度将技术选择、扩散与经济制度和经济增长的收敛联系在一起。本书所提及的技术选择，将更多地从企业、个人等微观个体基于成本、市场等因素考虑选择合适的技术。

第三节 研究内容与研究思路

一 研究内容

本书拟在对农业技术进步方向、技术扩散和技术选择的文献进行综述的基础上，将农业技术进步方向纳入内生增长模型，为技术进步方向模型拓宽应用范围，在现有的农业技术进步理论范围内进一步边际拓展，提出两种类型农产品生产技术的扩散速度测定方法，为农产品生产技术市场上的"劣币驱逐良币"现象提供更有说服力的理论解释，并通过中国农产品生产中的技术应用进行实证分析，为分析农产品安全生产（包括食品安全）问题提供一种新的理论视角与思路，为农产品安全生产问题提供有效的规制路径和具体的政策建议。

主要内容如下：

（1）问题解析。农产品生产技术市场上的"逆选择"现象是导致农产品安全问题的表层原因，通过宏观、微观两个不同层面上都存在的两个不同农药技术进步方向上的"逆选择"现象进行实证分析，为后续研究提供现实基础；

（2）模型构建。将内生性技术进步方向模型应用于分析农产品安全问题，构建包括生产者、创新者、消费者的内生增长模型，实现 DTC 模型在研究领域的横向拓展；

（3）理论拓展。将 DTC 模型与技术扩散理论结合起来，建立"技术进步方向—技术扩散—技术选择—政策规制"的动态框架,系统地解构农药技术进步方向对中国农产品安全的影响机理,实现这一模型的纵向深入;

(4) 实证检验。对不同方向农药技术进步的扩散速度进行精准测度,并分析其影响因素。在现有的农业技术进步理论范围内进一步边际拓展,为农药技术市场上的"劣币驱逐良币"现象提供更具说服力的理论解释;

(5) 政策建议。针对我国农产品安全问题,为促进农产品安全保障、推动创新资源整合并最终实现农业发展方式转变,要从源头上提供更有效的规制路径和中肯的政策建议。

二 研究思路

基于技术进步方向角度对农产品安全生产现有研究的理论综述,本书的基本研究思路为:

(1) 逐步放松技术给定的约束,可以为分析我国农产品安全生产困境提供与以往文献不同的理论视角,为解决农产品安全生产(包括食品安全)问题提供一种新的解决思路;

(2) 借鉴阿西莫格鲁(2002,2009)、奥托(Otto,2008)、基里诺·帕里斯(Quirino Paris,2008)等人的模型,将内生性技术进步方向模型应用于分析农产品生产安全问题,为解决农产品安全问题探索一条新的途径,实现这一模型在研究领域的横向延伸与拓展;

(3) 将内生性技术进步方向模型与技术扩散理论结合起来,分析两种相互替代的技术进步方向的扩散速度并分析其扩散效果,实现这一模型的纵向深入;

(4) 在对国内外农业技术进步方向、农业技术扩散与农业技术选择的文献进行整体性把握的基础上,对不同类型技术进步扩散速度进行测度,对不同类型技术进步扩散的影响因素进行深层阐述。在现有的农业技术进步理论范围内进一步边际拓展,提出两种类型农产品生产技术的扩散速度测定方法,为农产品生产技术市场上的"劣币驱逐良币"现象提供更有说服力的理论解释;

(5) 基于农业技术进步方向对中国农产品安全生产的机理进行解析,建立包含"技术进步方向—技术扩散—技术选择—政策规制"的动态框架,系统地、深入地解构我国农产品安全生产,并针对农产品安全生产问题提供更有效的规制路径和中肯的政策建议。

第四节 技术路线与研究方法

一 技术路线

本书的技术路线如图1-1所示。

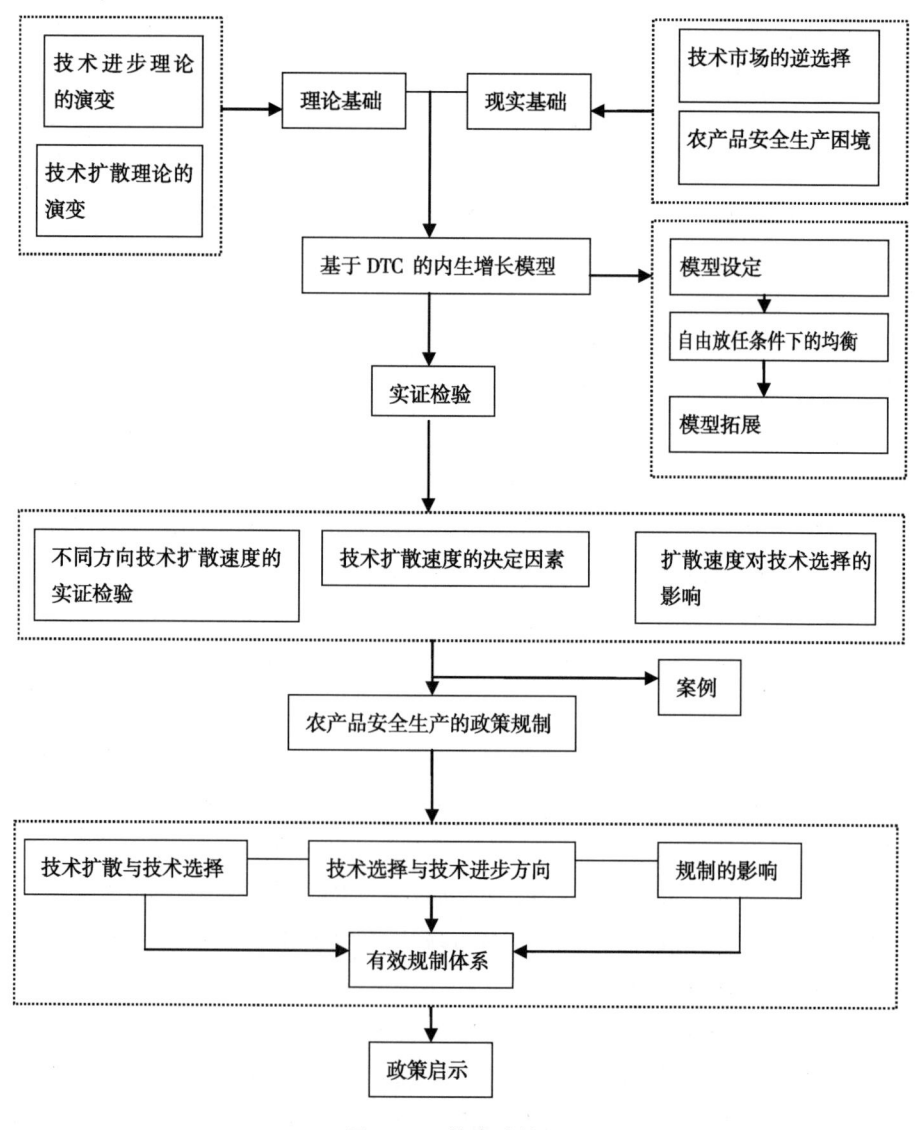

图1-1 技术路线图

二 研究方法

本书基于新古典经济增长理论，综合运用技术变迁理论、技术扩散理论以及技术选择理论，结合计量经济学的研究方法，沿循归纳与演绎并重的思路，对农业技术进步方向是如何影响农产品安全生产的影响机理进行综合、系统的分析。具体研究方法包括：结合规范分析与实证分析，解构"技术进步方向—技术扩散—技术选择"这一有机链条；通过构建效用与环境双重约束下农业技术进步方向的内生增长模型，刻画其均衡的结构以及动态规制以获得福利最大化；采用计量分析法，通过构建两种类型的农业技术进步的技术扩散模型，分别测度其扩散速度，揭示影响其扩散速度的决定性因素；通过案例分析，进一步佐证技术进步方向与技术扩散及技术选择对于农产品安全生产的有力影响。

第五节 可能的创新

本书可能获得的创新主要有以下几点：

第一，现有农产品安全问题研究大多在技术给定条件下进行，本研究放松了技术给定的假设，将农业技术进步方向纳入阿西莫格鲁（Acemoglu，2002，2009）等人的技术进步方向模型（DTC 模型），分析了不同方向的农业技术进步对农产品安全政策的内生反应，拓展了后者的应用范围。文稿关注了一个重要的普遍现象，即安全的技术与不安全的技术在技术市场上面临着"逆选择"，并聚焦于化学农药与生物农药两种农药技术由于"逆选择"而导致的农产品安全问题，为以后进一步拓宽研究领域、使理论一般化奠定了基础。

第二，现有技术进步方向的研究并未涉及技术进步方向与技术扩散的互动，本研究将技术扩散与技术进步方向有机地联系起来，用技术扩散来解释两种不同方向的农业技术进步的动态变化，并尝试解释农产品安全问题产生的深层原因。有别于现有较泛化的农业技术扩散过程的研究，文稿针对具体的生物农药和化学农药产业对其各自的技术扩散速度进行了较精准的测度，为技术扩散与技术进步方向的互动机理提供了实证支撑。

第三，现有研究未能对农产品安全问题的发生机理从源头上给出令人满意的解释。本书通过分析认为，农产品技术市场上的"逆选择"现象是导致农产品安全问题的表层原因，其深层原因可追溯至两种不同方向的农业技术进步的动态变化，这为分析和解决农产品安全问题（包括食品安全）提供了一个不同于现有研究的新思路。

第二章

农产品安全生产与技术进步方向的文献综述

本部分内容安排如下：第一部分回顾农产品安全生产方面的文献；第二部分回顾技术进步方向的理论基础；第三部分梳理技术扩散理论；第四部分则进一步聚焦农业技术扩散及技术选择；第五部分是现有文献的述评和研究展望。

第一节 农产品安全生产

1962年莱切尔·卡森（Rached Carson）在《寂静的春天》（*Silence Spring*）一书中，描述了农药对人类、生物的危害以及对环境的破坏，引起了人们对农产品安全生产的重视。约翰·R.伯丁顿（John R. Beddington, 2012）等人认为农产品安全与营养不良、食品浪费、粮食价格上涨等因素一起，构成了全球食品安全正面临的多元化挑战。

包括食品在内的农产品安全已成为国内外各界共同关注的热点问题。从现有国内外文献看，现有研究主要从对农产品安全的认知、农产品安全生产的现状、农产品安全问题产生的原因以及解决对策思路四个方面展开。

一 对农产品生产安全的认知

对农产品安全生产的研究必然无法绕开或回避农产品安全，所以，本部分的文献回顾将从农产品安全和农产品安全生产两方面进行。

（一）对农产品安全的认知

关于农产品安全国际上没有明确的定义，是随食品安全的发展而产生的。食品安全是一个不断发展的概念，人们对食品安全的认知经历了一个由侧重食品数量安全到侧重食品质量安全的转变过程。农产品安全包含数量安全（Food Security）与质量安全（Food Safety）两个方面，目前国外文献偏向于使用内涵更广泛的 Food Security，它不仅包括数量安全，也包括质量安全。如联合国粮农组织（Food and Agriculture Organization of United Nations，FAO）2010 年的报告中提出，粮食安全是全球面临的最大挑战。此类观点在国际认同广泛（如 Brown，2008；Alber Sasson，2012；John Helliwell，et al.，2012）。也有一些文献则专指质量安全，如 1984 年世界卫生组织（WHO）在一份题为《食品安全在卫生和发展中的作用》的文件中，把"食品安全"与"食品卫生"定义为同意语，持类似观点的还有冯布劳恩（1992）、艾里克·吉拉德（2009）等。

国内多数文献中谈到的农产品安全都指质量安全。我国对农产品安全认知与食品安全认知过程相似，都是由数量安全逐渐转变为质量安全的认知过程。当国际粮农组织提出食物安全的概念时，我国还处于短缺经济时期，居民的主要食物来源就是粮食（谷物），因此，很多文献把食物安全理解成"粮食安全"，如肖北鹰（1999）、谢培秀（2000）、卢良恕（2002）。随着我国粮食生产能力不断提高，食物安全的内涵也在不断丰富。目前很多文献中的食品安全或农产品安全均指质量安全问题，即农产品中所含的有毒有害物不至于对人体健康造成危害。

（二）对农产品安全生产的认知

一般而言，农产品安全生产包括两方面的含义：一方面是指农产品生产过程中的安全，即人们通常所讲的安全生产，它主要围绕的是农产品生产过程中的生产环境和生产过程安全与否，有无注意防范发生工伤事故等；另一方面是指所生产出来的农产品是否符合安全农产品的要求，是否能确保消费者使用后不会产生任何不良反应和不利影响，保障对人体健康有益而无害等。李铜山（2006，2008）认为农产品安全生产是指通过对主要食用农产品的生产环节的有效控制和管理，使农产品及其加工制成品达到质量安全标准。苗在京等（2009）、孟欣欣（2012）则认为农产品安全生产包括生产安全和经营安全；也包括结果安全和过程安全；包括现实安全和未来安全。

需要指出的是，本研究所涉及的"农产品安全生产"，主要是指后一种意义上的安全生产，即紧扣农产品质量安全来揭示农产品安全生产问题，而不考虑第一种意义上的生产安全问题。更为具体的是，本研究更多关注在农产品生产过程中生产者的不安全生产行为，过度使用或不正确使用农药等农业投入品损害了生态平衡，加大了动植物病害、虫害的防治难度，直接威胁到农产品的安全生产。

二 农产品安全生产现状剖析

20世纪末，我国主要农产品生产从长期供给短缺历史性地跨越到供求基本实现平衡，迈入了农产品数量与农产品质量并重的新阶段。为保证农产品安全，农业部通过"无公害农产品行动计划"，建立农产品质量安全的追溯制度，确保消费者的食品安全，同时，加强了对农产品的监督抽查。根据农业部报告的主要农产品监督抽查结果，我国农产品质量安全水平呈稳定提升态势（胡定金、王伟，2006；李哲敏，2008）。

然而，我国农产品质量安全状况并不容乐观。近年来，有关有毒大米、有毒面粉、劣质奶粉、瘦肉精、苏丹红以及蔬菜的农药、激素含量超标的报道屡见不鲜。出口农产品及加工品因质量安全问题在对外贸易中引发纠纷的现象时有发生。整体观察我国目前农产品质量安全存在的主要问题，可以归结为以下两类：一是初级农产品重金属含量与农兽药残留超标；二是初级农产品的加工品的有害物质超标（钱永忠、王芳，2008；宁启道，2008）。

三 农产品安全问题产生根源

（一）农产品生产者安全生产动机

国外学术界对食品生产者的安全动机研究比较早，且主要是从微观的角度。诺贝尔经济学奖获得者阿克洛夫（Akerlof，1970）通过对"柠檬现象"进行的经典分析，其研究并阐释的由产品质量的不确定性所导致的信息不对称及其对市场效率的影响，开创了"逆向选择"理论研究的先河。塞顿（Seddon，1993）等认为大型企业加强食品安全管理主要是出于内部原因，比如为了降低生产成本和提高企业的运营效率；而小型企业则主要是受外力驱动，比如为了满足客户的要求，或者为了服从监管法规和政策的要求。安特尔（Antle，1995）认为在市场经济条件下，农产品供给者的最终目标是获取利润，而获取利润的直接办法是压缩成本或提高价格。安全农产品的生产与质量控制需要付出一定的成本，如果没有相应的激励机制去弥补这部分成本，生产者则没有动机生产安全农产品。郝勒伦

(Holleran，1999）等将企业提高食品安全的动机分为内部动机和外部动机，内部动机与降低成本和增加利润有关，而外部动机则与交易成本有关。郝勒伦等（2000）还在阿克洛夫对"柠檬市场"的研究以及科斯（Coase）等对社会成本和交易费用的研究基础之上，对食品安全保障制度的交易费用以及产生的个人激励进行了分析。霍布斯（Hobbs，2002）等认为食品企业提高食品安全的动机在于维持和扩大出口市场。Gomez 等（2002）认为发展中国家的生产商，是将提高食品安全作为一种策略，以提高企业在国内、外市场的竞争力。此外，亚瑟·L. 卡普兰（Arthur L. Caplan，1986）基于道德的不确定性对美国食品安全规制政策进行分析，类似的文献还有艾伦·沃斯（Ellen Vos，2000），丹尼尔·斯珀林（Daniel Sperling，2010）等。

国内学术界对食品生产者的安全动机的研究相对较晚，且仍以理论分析为主。徐金海（2002）对由信息不对称所引起的农产品、食品交易市场中的"柠檬问题"的形成机理做了研究。白丽等（2005）通过实证研究考察了实施 HACCP 体系的食品企业的特征，为进一步探讨食品企业 HACCP 实施行为的影响因素奠定了基础。乔娟等（2008）研究指出，环境污染、违禁药品的不安全使用等所导致的有害物质残留是造成我国农产品生产安全问题的主要原因，其认为生产者的动机主要是降低成本，没有动机进行安全生产。

（二）监管体系与运营机制的缺陷

监管体系和运营机制存在的缺陷严重影响着安全农产品的供给。B. James Deaton，John P. Hoehn（2005）区分了界定有机农产品两种类型的标准：过程标准和产品标准。指出两种标准的使用混乱是造成农产品安全问题的另一原因。国内学者对此也进行了大量分析，林镝等（2004）认为，中美在食品安全的法律标准、组织体系和技术保障等方面存在较大差距。周婷等（2005）认为我国的食品从生产到餐桌的全过程监管未能连成紧密的链条是食品安全问题产生的根本原因。陈蕾蕾等（2009）与许俊丽等（2010）的研究也坚持类似的观点。赵晓飞（2012）从农产品产业链角度对农产品安全监管进行了分析。曹正汉、周杰（2013）则将之归咎于在食品安全监管领域，地方分权的程度超过了效率原则的限度，形成了"过度分权"。

（三）农产品质量信息不对称问题

有学者认为信息不对称是农产品质量安全问题在管理层面上的根源

(李庆江，2009；赵亚翔，2010；龚强等，2013；汪鸿昌等，2013）。尽管造成我国农产品质量安全问题的原因有很多，但究其更深层次的原因，主要是农产品的生产者、消费者与政府之间存在着信息的严重不对称。消费者和生产经营者之间存在质量安全信息的不对称。政府虽然能够在一定程度上检测出产品质量安全水平，但因我国农产品生产规模小、产地分散以及检测成本高等原因，政府与生产经营者之间的质量安全信息也不对称。此外，由于监管体系不健全，监管者的质量信息不能被迅速、有效地传递到消费者，导致监管者与消费者之间的质量安全信息不对称，使得消费者缺乏科学抉择所需的信息。

（四）其他安全生产问题产生原因

黛安娜·斯图尔特（Diana Stuart，2008）重新界定了农产品生产体系的特点，正是由于食品生产逐渐适应大规模的机械化生产，才导致食源性疾病的大范围爆发。尽管食品工业尽力创造了一个控制错觉，但仍然无力处理现有技术体系的弱点。绿色叶菜产业专注于采用新技术对植株生长环境的灭菌却忽视了改变现有技术体系的整体结构，一次一次的农产品安全事故正说明了对工业化食品生产的失控。之后，她通过对美国加州中海岸地区的水稻种植业的案例进行分析，认为在农产品生产过程中，市场和企业约束了农产品生产者的选择并造成了农产品生产者的道德困境，他们面临着环境安全和农产品安全标准的双重约束（Diana Stuart，2009）。

四 农产品安全问题解决对策

在分析了农产品安全生产问题的成因后，研究者们对此提出了很多方法和发展策略。总结前人的研究成果，这些方法与发展战略基本可以分为三类：①安全农产品的生产形式与组织方式的研究；②解决信息不对称的方式与方法研究；③农产品安全保障体系建设与政府管理模式的研究。

（一）安全农产品的生产形式与组织方式

影响农产品安全的环节很多，从"源头"抓起，通过转变生产形式和组织方式，控制农产品质量安全已经成为很多研究者的共识。由于我国农产品生产者分散、规模小，很多学者提出在一定程度上可以借由标准化和规模化的农产品生产来保证质量安全。方敏（2003）认为建立大规模的绿色食品生产基地能有效解决品质安全问题。胡定寰（2006）则建议强化农产品供给的组织结构。

也有很多研究者建议应该通过农民合作组织解决我国农产品安全生产问题。卫龙宝等（2004）通过调查发现，农业专业合作组织的存在与发展对农产品质量的控制与提高有很大的影响。王忠锐等（2004）提出推行农村合作经济，利用合作组织对农户的生产行为进行组织及把控，以提高农产品质量。

（二）解决农产品市场信息不对称的方法

信息不对称是造成我国农产品质量安全问题频繁发生的根本原因，很多研究者认为应该从尽可能消除信息不对称入手解决农产品质量安全问题。周洁红等（2004）研究认为，产品信息的标示是一种质量承诺背书，对消费者的选购行为起着信号的指引作用，又是生产经营者提高产品竞争力的重要手段。毛新志等（2005）也认为应坚决实施强制标签制度。李庆江等（2007）利用博弈模型对农产品质量安全问题发生机制进行分析后认为，政府解决农产品质量安全信息不对称的根本途径是构建有效的信号传递机制，消除农产品市场中的信息不对称。除了有效传递产品信息外，维护生产者市场声誉也有利于安全农产品的生产。龚强、张一林、余建宇（2013）认为在现有的制度环境下，由于受到行政资源的局限，规制者在检测和监管方面存在技术及人为的偏差，企业有机会采用成本更低的不良生产技术，所以，以社会监督为核心的信息揭示是提高食品安全的有效途径。汪鸿昌等（2013）则认为由信息技术与契约构成的混合治理机制，比任何单一方式都能更有效地确保食品安全。

（三）监管体系建设与政府管理模式研究

国外学者对政府介入食品安全生产监管的必要性大致有两类见解：

第一类，从博弈与均衡的角度认为食品安全生产监管是各方利益主体间博弈均衡的结果。其代表人物是汉森和卡斯韦尔（Henson，Caswell，1999），他们的研究表明食品安全监管政策的选择是各利益集团博弈的结果，不同利益集团对食品安全的监管重点有不同观点，而且对监管效果也有不同的评判标准，政策制定者不得不设法平衡这些利益集团间的利益诉求。因而，政府关注的食品安全问题不一定就是与消费者健康关系最密切的领域。实际上，政府食品安全监管政策、手段和领域可能更多出于政治上的考虑，比如为了恢复公众对其执政能力的信任等。阿罗（Arrow，1996）等则认为，是否应该进行食品安全监管，以及食品安全监管政策的选择，应该基于成本—收益法对监管效益评价的结果。

第二类，从政府是公众利益代理人的角度认为食品安全生产监管是弥补市场失灵的必要手段。目前，持这类观点的研究相对占据主流地位。爱德华·格莱泽、安德烈·施莱弗等（2002）认为，"监管成了唯一可靠的资源，用以解决社会危害问题"。丹尼尔·F. 史普博（Daniel F. Spulber, 1999）对政府监管在矫正市场失灵方面的潜在作用定位，对市场中干预的福利结果进行估价，并将监管部门分为三大类：有关进入壁垒的、有关外部性的和有关内部性的。

国内文献方面，鉴于西方很多发达国家已建立了比较完备的农产品质量安全保障体系，一些研究者通过借鉴国外经验，结合我国实际提出了有益的建议。崔卫东等（2005）认为我国不仅需要建立完善的农产品质量安全法律法规，而且需要建立农产品质量安全配套制度。郑东梅（2006）与许成才（2008）也持有类似观点，提出我国应该尽快出台《农产品质量安全法》实施细则及配套法规，完善标准体系建设以及加强市场准入制度等方面的建设。

王中亮（2007）分析了美、欧、加、日等发达国家和地区的食品安全监管体制，认为我国在法律体系、监管体制和监管理念等诸多方面仍有较明显差距。陈华宁（2008）对近几年欧盟、日本等国家和地区通过的关于农产品质量安全法律进行分析，对保证我国农产品质量安全提出了政策建议。此外，还有很多研究者从政府监管模式角度，研究了如何改善我国农产品质量安全（王秀清，2002；郑凤田，2003；贾利，2006；李军鹏、傅贤治，2007；汪鸿昌等，2013）。

（四）农产品安全问题的多元化解决思路

除去以上几种常规的解决对策，还有一些学者从其他角度提出了解决农产品安全生产的更多思路。

蕾妮·B. 吉姆（Renee B. Kim, 2009）认为在农产品安全生产中，消费者参与、生产伦理与适当的风险沟通在重要的敏感的公共食品安全事件中至关重要。约翰·R. 伯丁顿等人（2012）认为，科学家们在构建一个抵御气候变化和环境污染的农产品生产体系、减少温室气体排放、有效利用资源、提供食品安全、建立全球性可持续性安全生产知识体系等方面应扮演极为重要的角色。阿德莫拉·A. 阿登勒（Ademola A. Adenle, 2012）等通过半结构性访谈（semi-structured interviews）了解转基因技术在科学家们之间的技术扩散、转移与技术选择情况，提出尽管科学家们对生物技术对环境的长期影响充满警惕,且现阶段对生物技术的扶持政策仍不完善,但应通过更多的生物技术(包括转基因技术)改善非洲的农产品生产安全状况。

第二节　技术进步与技术进步方向

自古典经济学时期始,经济增长理论一直关注着技术进步与经济增长的关系。新古典增长理论认为经济的长期增长必定来自技术进步,后续的学者们也更多地关注技术进步对于经济增长的贡献以及技术进步的增长率对于经济增长的影响。对于技术进步方向的研究很长时间没有进入研究者们的视野,直至近年来,学者们对技术进步方向尤其是内生性的技术进步方向的研究才获得了方法论意义上的突破进展。因而,对于技术进步方向文献的梳理与把握无法绕开对技术进步理论的溯源,本部分将首先通过对技术进步理论的历史轨迹进行整体性的回顾,然后在此基础上再对技术进步方向的文献进行梳理。

一　技术进步理论的历史溯源

回顾以技术进步为主线的经济增长理论,其理论脉络非常清晰,从以亚当·斯密为代表的古典经济学时期,到以熊彼特为代表的定性分析时期,到以索洛为代表的新古典经济增长理论时期,再到以罗默等人为代表的内生经济增长理论时期,对新古典增长理论进行了扩展与修正。技术进步一步步内生化,研发部门作为显性因素被引入增长模型。

(一) 以亚当·斯密为代表的古典经济学时期

对技术进步与经济增长关系的研究可追溯至古典经济学时期。自亚当·斯密(Adam Smith,1776)的《国民财富的性质与原因的研究》一书标志着经济学作为独立的学科开始,经济学家始终关注着什么要素促进经济增长这一问题。亚当·斯密认为,财富的增长取决于劳动生产率和劳动的数量两个因素,而分工提高劳动生产率,则有助于某些机械的发明。这里,亚当·斯密已经认识到技术进步是促进经济增长的重要因素。

(二) 以熊彼特为代表的定性分析时期理论

在20世纪50年代以前,经济学家对技术进步作用的研究大都停留在定性分析的阶段。例如熊彼特(J. A. Schumpeter)从技术创新的角度来解释经济增长。他将创新定义为建立一种新的生产函数，或是将一种从未有过的生产要素和生产条件组合引入生产体系。熊彼特本人并没有对技术创新本身进行专门研究。所以对技术创新的概念没有严格的定义。在他看来，技术创新是一个新的独立变量，是可以用来考察其对经济增长乃至社会变迁的影响作用的砝码。熊彼特的思想引起了许多专家学者继续对技术创新和技术进步的研究并提出个人的观点。

(三) 以索洛为代表的新古典经济增长理论

学者们把技术进步对经济增长作用的研究由定性分析转向了定量分析，提出了新古典经济增长理论，创建了一系列经济增长模型，并用这些理论和模型对一些国家的经济增长进行实证研究。认为，经济增长不仅取决于资本增长和劳动增长，而且还取决于技术进步。以索罗为代表的新古典经济学家所提出的新古典增长理论 (Neoclassical Growth Theory) 强调技术进步不断拓展生产可能性边界，将增长源泉归结为技术进步。

索洛模型又称索洛—斯旺模型，它由索罗 (1965) 和斯旺 (1965) 提出，是几乎所有增长问题研究的出发点 (D. Romer, 1996)。把技术进步因素加入 Cobb–Douglas 生产函数中，建立了一个在技术进步条件下的投入产出模型，将无法归因于要素投入的部分看作技术进步的推动。当然，这样的简化并非没有问题，阿格郝恩和豪威特 (2007) 指出了 TFP 计算方法的不足。尽管如此，索洛模型仍然是现代增长理论的核心，后续的大多数进展均源自于对索洛模型的改进与拓展。

以索洛模型为代表的新古典增长理论业已形成了较完整的理论分析框架，在自由竞争条件下，生产部门的生产要素规模报酬不变。该理论只将 K 和 L 纳入生产函数，并外生给定技术水平，随着时间的推移，技术水平呈指数函数形式不断提高。在缺乏技术进步的情况下，资本要素边际报酬递减，最终经济收敛至稳态。

同时，新古典学派还研究了政府在技术创新中所起的作用，指出技术创新出现 market failure，或技术创新的资源配置有较大优化空间时，政府应当采取各种间接调控手段，干预技术创新活动，以提高技术进步在经济发展中的促进带动作用。索洛还特别提出，技术创新必须具备新思想来源和以后阶段的实现发展两个条件。这个"两步论"被认为是技术创新概念界定和新古典学派理论研究上的一个里程碑。

(四) 以罗默等人为代表的内生经济增长理论

索洛模型意味着，真实收入的差异远远不能以资本投入量的差异来解释。对于真实收入差异的其他可能来源，索洛模型要么将其看成是外生的，从而在此模型中不予解释（如技术进步），要么根本不予考虑（如资本的正外部性），所以并未能解决增长理论的核心问题。而且，发达国家近两个世纪的持续增长事实无可争辩地指出了新古典增长模型中存在的不足。随着研究水平的不断提高，人们越发对无法解释长期增长的新古典增长理论感到不满。20 世纪 60 年代经济学家们开始在新古典增长理论的框架下对索洛模型进行扩展和修正。将技术进步看作经济活动的产物，以期将内生化的技术进步纳入新古典的基本模型。

对技术进步内生化的进展，大致可分为三类：

第一类是无意识的生产过程中，技术创新作为附属品在"Learning By Doning"的过程中被生产出来，以阿罗（1962）和谢辛斯基（Sheshinski, 1967）为代表；

第二类是有意识但非逐利的基础研究带来技术进步，此类以谢尔（Shell, 1967）为代表；

第三类是有意识且追逐利润的厂商借助 R&D 活动来推动技术进步，此类研究以罗默（1986）为代表，或者是构造生产和教育两部门模型，通过不断增加人力资本量来实现技术进步，此类模型以宇泽弘文（Uzawa, 1965）和卢卡斯（Lucas, 1988）的新增长模型为代表。

在此类文献中，无论是资本存量，还是新知识、新技术的创造使用，必然都要具有部分非竞争的公共产品特征。而在完全竞争的市场框架下，这样的市场均衡并非帕累托最优或者次优均衡。因而，如果将外部性整合进新古典模型，会使得竞争性框架难以为继。罗默（1986）的最大贡献在于技术进步的内生给定，正因为垄断竞争是必要的，而且技术、知识具有非竞争性和部分排他性，所以，其通过给定溢出效应，证明此时的增长率不是帕累托最优。

创新者如果有足够的激励进行创新活动，就要使其获得创新的收益，因此以垄断或者垄断竞争来构建理论框架不可回避。从此经济增长理论的分析也就进入了一个新的阶段。将 R&D 理论和不完全竞争整合进增长理论框架肇始于罗默（1987, 1990），卢卡斯（1988）以及阿格郝恩和豪威特（1992），格罗斯曼和郝尔普曼（Grossman and Helpman, 1991），近期的发展包括阿西莫格鲁（2002），阿格郝恩（2002），等等。他们在动态一般均衡的框架下将创新、研发与内生经济增长联系起来，提出了内生的研发和创新推动经济增长的作用机制，突破了新古典增长理论关于技术进步外生性的假设，强调技术进步的内生性。

罗默（1987，1990）、格罗斯曼（1991）和郝尔普曼（1991）等人继承了杨（Young，1928）的分工观，视产品多样化为分工深化，仅限R&D的结果为新产品设计，技术进步体现中间产品的种类增多。格罗斯曼和郝尔普曼（1991）提出质量梯度（Quality ladder）的概念，研究产品质量的内生提高，并以此来代表技术进步，这种模型假设可以通过研发活动将新产品引入市场以及通过研发活动提高产品的质量。阿格郝恩和豪威特（1992）则主要关注于毁灭性创新（creative destruction）的思想，重新系统、规范地阐述了熊彼特的创新理论，索罗曾称赞这是内生增长理论发展中最重要的进步之一，"我（索罗）不能断定他们（阿格郝恩和豪威特）将熊彼特的不精确的概念转换成了明确的模型并推进到非常细致的水平，但它确实说明了进步是如何实现的"。

在这些模型中，技术进步是有目的的R&D活动的结果，事后的垄断利润作为补偿以激励厂商进行创新，只要市场上存在着获利空间，厂商的R&D活动就会不断出现。消费者的多样化偏好保证了新产品在市场上必然会有充足的获利空间。在这种不完全竞争的分析框架中，通常技术创新速度和经济增长率并非帕累托最优，这为政府的税收、津贴、产权保护等政策留下了施展空间，因此，政府在经济增长中扮演了非常重要的角色。

二　技术进步方向的理论脉络

技术进步的方向[①]（Direction of Technological Change，DTC）自希克斯（1932）以来就占据了经济学家们的视野。然而，学者们更多地青睐技术进步的变动率。如上文所述的索罗（1956）、罗默（1990）、阿格郝恩和豪威特（1992）。事实上，在宏观经济学、发展经济学、劳动经济学和国际贸易问题中，技术进步是否偏向于某个要素至关重要。然而，在众多技术进步的文献中，技术进步方向一直并未进入研究者们的视野。

很多经济学的基本问题可借助于技术进步方向的驱动力。肯尼迪（Kennedy，1964）利用非正式参数得出一个结论，借由技术进步方向，

---

① 有国内学者将之翻译为"有偏的技术进步"，事实上，有偏的技术进步（Biased Technological change，BTC）另有其义，其区别见第一章，本研究统一采用"技术进步方向"一词。

市场力量可以保持要素收入份额长期恒定。肯尼迪认为，单个企业运用两种完全互补的生产要素生产单一的产品，每种要素都有其独立的要素扩张型（factor-augmenting）的知识储备，且给定相关投资不变，两种知识储备均以相同的速率增长。在此条件下，最优投资应该提高相关要素份额，如要素投入份额增加，则这一要素扩张的技术方面的投资也会上升，从而导致要素份额下降。

内生化的技术进步方向近年来取得了方法论意义上的重大突破（当然，它并未偏离前期的内生增长研究）。最有代表性的研究是由阿西莫格鲁（1997，1998，2002）提出的。阿西莫格鲁（1997，1998）的分析指出，技术进步方向是工资差距的主要原因，那些忽略技术进步方向讨论国际贸易所导致的国别工资差距的文献会出现误导。利用技术进步方向通过分析，他解释了美国20世纪70年代劳动力人口中大学毕业生比例的上升是导致当时大学毕业生工资下降和之后80年代工资差距大幅上升的诱因。在劳动力人口中，熟练型工人（skilled workers）占高比例意味着技能替代型技术拥有一个较大的市场规模，进而刺激熟练型工人的产量更快地上升。作为结果，技能供给的上升会在短期内导致技能津贴的下降，但会引致技术偏向型技术进步（Skill-biased Technical Change）并最终导致技能津贴的上升。阿西莫格鲁的DTC模型的结果一开始似乎与肯尼迪（1964）完全不同。然而，阿西莫格鲁（2002）的研究表明，在阿西莫格鲁的模型中，在满足某种极端条件下肯尼迪的结果（要素份额不变）也会出现。

技术进步方向理论的应用主要有两个方向：工资不平等问题和环境问题，但近年来开始出现更加广泛的应用方向。

(一) 应用于工资不平等研究

阿西莫格鲁（1998，2002）的研究主要致力于将内生性的技术进步方向模型用于分析工资不平等问题。此后，学者们就工资不平等问题对这一模型进行了应用分析或进一步拓展。

基诺·甘西娅和亚历山德拉·邦飞利（Gino Gancia, Alessandra Bonfiglioli, 2008）通过对1965—1990年间53个国家的面板数据进行了分析，认为穷国（知识产权保护情况较差）和富国（知识产权保护情况较好）之间的贸易会导致市场一体化，但这种一体化带来的技术进步在收入分配方面是有利于富国的。更重要的是，文章为南—北贸易与技术进步方向的互动机制提供了实证支持。塔里·克里斯托（Tali Kristal, 2011, 2013）

认为从 20 世纪 70 年代开始，美国私人部门的劳动收入占国民收入份额下降了 7%，与资本的利润收入所占份额相比，收入的不平等在加剧。他对这一现象的解读是通过界定技术进步方向为阶层偏向型的技术进步（class-biased technological change）而实现的，在其看来，计算机化（computerization）的技术进步导致工会的组织性弱化和工作地位的降低，从而在收入分配方面有利于雇主而不利于雇员。

国内学者中，潘士远（2008）认为，与所有的内生增长模型相同，阿西莫格鲁的技能偏向型技术进步模型忽视最优专利制度，以及技能结构或者劳动力禀赋结构（熟练劳动力人数与非熟练劳动力人数之比）对其的影响，尤其是没有注意到劳动力禀赋结构影响技术进步方向的间接机制，以及专利制度对技术进步方向和技能升水（工资不平等）的影响。他把专利分类为技能密集型产业的技术专利和劳动密集型产业的技术专利，它们分别与熟练劳动力和非熟练劳动力匹配。研究表明，两类专利的最优宽度都是有限的，且受到劳动力禀赋结构的影响。当非熟练劳动力多于（少于）熟练劳动力时，劳动密集型产业的技术专利宽度宽于（窄于）技能密集型产业的技术专利。此外，分析还认为，劳动力禀赋结构可以通过影响最优专利制度来影响技术进步方向，从而对熟练劳动力和非熟练劳动力之间的工资不平等产生影响。戴天仕、徐现祥（2010）从阿西莫格鲁（2002）的定义出发，推导出度量技术进步方向的方法，并据此考察了中国 1978—2005 年的技术进步方向。结果表明，其间中国的技术进步总体偏向资本，且偏向资本的速度递增。这就说明，中国的技术进步更有助于提高 MP_K，这一研究有助于人们理解中国劳动报酬份额逐年下降的现象。

（二）应用于环境问题的研究

近年来，最新同时也是最重要的政策问题是如何运用经济学的方法分析怎样才能最优地降低石化能源的使用进而减少大气中的碳排放。既然石化能源是生产要素，那么，分析其市场（供给方）和技术（如燃料扩张型技术或劳动扩张型技术）是如何对单个国家或国家联盟的减少碳排放政策做出反应就显得非常必要。这意味着内生性技术进步方向模型在这方面的问题上可以大显身手。

最有代表性的应用是阿西莫格鲁（2009），他构建了一个在环境与资源的双重约束下技术进步方向对内生增长模型的影响，以此来分析技术进步方向与全球环境恶化之间的内在关联。但技术扩散并非他的关注重点，因此他没能注意到技术使用者的资源禀赋结构不同会对两种完全不同方向的技术进步的扩散速度和扩散效果产生影响，然而，他的研究与诺德豪斯（Nordhaus，2000）、斯特恩（Stern，2006）等学者对于增长、资源与环境的文献一样，引领人们继续深入思考环境安全、资源安全等方面的问题。

奥托等人（2008）通过构建一个包含了碳排放、能源利用和技术进步方向的模型，将技术进步方向划分为非 CO_2 密集型（non-CO_2 intensive sectors）和 CO_2 密集型（CO_2 intensive sectors），研究了存在技术外部性条件下气候政策的成本效应。科拉德·迪·马利亚和艾德文·冯·德·沃夫（Corrade Di Maria and Edwin van der Werf，2008）认为现有关于气候政策的经济分析在探究引致型技术进步时过高估计了国家之间的碳泄漏程度，他们利用技术进步方向构建了一个关于技术进步方向的两国模型，分析了单边气候政策对国家之间碳泄漏的影响，认为气候政策会引致技术进步的相对价格发生变化并导致不同部门的创新冲动。从他们的分析中可以发现，政策规制对技术进步方向有着间接的影响。

（三）更广泛的可能应用方向

前两种应用——工资不平等（熟练与非熟练劳动）、环境问题（石化能源与劳动）在实证检验中是非常不同的。在前一种应用中，熟练劳动的相对数量上升紧跟着就是相对价格的上升，因而带来要素份额的上升；在后一种应用中，石化能源投入数量的快速上升往往伴随着其相对价格的快速下降，因而要素收入份额可能保持不变（Jones，2002；Smulders，2003）。哈特（Hart，2010）则尝试将两种应用整合至一个一般化的、更加灵活的技术进步方向模型中，在这一模型里考虑了分散化的市场（decentralized）和企业间的知识外溢，因而使得 DTC 模型可更广泛地应用于政策分析和实证研究。

第三节 技术扩散与技术选择

如今，创新、知识生产和研发在技术进步和经济增长中的作用已成为人们的重要共识（common knowledge）。技术进步主要源自技术创新和技术扩散。然而有学者指出，自主创新这一途径具有很大的局限性（高旭东，2005）。在创新研究领域，近二十年来，创新尤其是关于技术创新的溢出和扩散（spillover and diffusion）的研究，影响范围更广（李春磊，2011）。对于我国大多数企业而言，自主技术创新是有限的，一项技术创新只有在扩散后才会起作用，因此，相对而言，技术扩散可能更为重要（刘青海，2011）。现有文献对技术扩散的研究主要从技术扩散机制、路径、模型以及其扩散尺度等角度进行分析，本部分将一一加以阐述。

一 技术扩散机制

技术扩散机制研究的问题主要是技术扩散过程能够自动进行的原因以及企业在技术扩散过程中遵循的规则问题。技术扩散机制比较复杂，国内外学者对这一问题并没有取得一致的意见。总的来看，技术扩散机制主要是讨论技术扩散能够进行的原因，一般认为供需双方存在技术差距，这是技术扩散得以进行的外部条件，而技术扩散方基于利润最大化的考虑可能会在产业技术生命周期的不同时期选择扩散或者推迟扩散的策略，接收方为了获得创新带来的经济利益而引进技术，这是技术扩散的内在动力机制。

还有一些国外学者将技术扩散机制分为拉力机制、推力机制以及耦合机制三种。对于技术扩散的拉力机制，以熊彼特、J·梅瑞里奇（J. Merenish）和E·曼斯菲尔德（E. Mansfield）为代表的创新—模仿论认为，技术创新使得创新者获得垄断利润，促使许多企业来"模仿"创新，因此一项技术创新是通过对创新的模仿来实现扩散的。技术扩散的推力机制是从国际间技术扩散的角度出发的，是指拥有创新的企业出于利润最大化的考虑，因此并不是扩散速度越快越好，在技术生命周期的不同阶段会做出扩散技术与否的决策。技术扩散的耦合机制以斋藤优（1990）的需求—资源论为代表，该理论认为需求与满足需求之间的相互关系促进了技术开发与应用，而供方的需求与淘汰的关系和需方的需求与淘汰的关系相耦合时，技术扩散才能够发生。

国内对该问题的研究主要有以下几种具有代表性的成果。朱李鸣（1990）提出了技术创新扩散导引机制的概念，他认为技术创新扩散导引机制是由技术扩散动力机制、沟通机制和激励机制组成的自动系统，这三种机制处于不同层次，但只有三种机制协调作用才能使导引机制完备并发挥作用。傅家骥（1992）提出了技术扩散机制由供求机制、计划机制、中介机制、激励机制和竞争机制组成，他认为五种机制同时发挥作用，其合力决定扩散的模式。武春友（1998）对技术扩散动力机制进行了系统研究，认为技术扩散的动力由推动力和牵引力合成。许慧敏、王琳琳（2006）也认同这种观点。施纪平、张仁寿（2003）认为，一项技术创新会在创新区与其周围地区产生"位势差"，周围地区为了消除这一差异，从而进行模仿、学习和借鉴，同时创新者也会向外扩散和传播以增加经济效应，技术扩散机制由此产生。李平（2007）从国际贸易、外国直接投资、国外专利申请及专利引用三大国际技术扩散路径着手，认为国际技术扩散机制应分为技术扩散的静态机制和动态机制，静态机制主要指技术扩散模式，即技术扩散的渠道或技术传播的载体；动态机制既包括技术扩散的各个阶段，也包括技术扩散的周期性。

国内对不同产业不同视角的技术扩散机制实证研究近年来呈上升趋势，这方面以刘辉、李小芹、李同升（2006）、赵文哲（2007）、李同升、王武科（2008）、史金善、季莉娅（2008）对农业企业，张国方、曾娟（2002）、于贵穴（2003）、郭锋、但斌、张旭梅（2006）对虚拟企业，张进宝（2009）对教育领域的分析为代表性文献。

二 技术扩散路径

技术扩散路径研究的问题既是输出新技术成果的过程，也是采用技术成果的过程。所以，技术扩散路径问题主要是探讨技术扩散的输出和采用的可能方式，一般认为技术扩散的主要有外商直接投资（FDI）、跨国公司、国际贸易以及国外专利申请四条途径。国外学者通过FDI与国际贸易对技术扩散路径进行研究的文献比较多，而通过专利研究技术扩散的文献相对较少，这与专利的知识性和对技术扩散的隐含作用有关。

（一）外商直接投资

20世纪60年代，麦克杜格尔（MacDougall，1960）在分析FDI的一般福利效应时，第一次将技术创新的溢出效应视为FDI的一个重要现象。实证分析显示FDI技术溢出效应存在较大差异，主要包括正、负两类，其中凯夫斯（Caves，1974）、格洛伯曼（Globerman，1979）、科克，让简（Kokko，Zejan，1996）、英布里亚尼，雷加纳蒂（Imbriani，Reganati，1997）、肖霍姆（Sjoholm，1999）、利希腾伯格，波特尔·斯伯格（Lichtenberg，Pottel Sberghe，2000）、许斌、王建铆（Bin Xu，Jianmao Wang，

2000)、吉尔玛,维克林(Girma, Wakelin, 2001)、巴特拉,托恩(Batra, Ton, 2002)、斯马泽斯卡(Smarzynska, 2002)、梅建平(Jianping, Mei, 2007)等对英国、澳大利亚、G7 国家等国家与地区的实证研究支持正向溢出效应,哈达德、哈里森(Haddad, Harrison, 1993)、埃特金、哈里森(Aitken, Harrison, 1999)、亚科夫,荷卡(Djankov, Hoekan, 2000)、埃罗尔·特马茨,艾库特·伦格(Erol Taymaz, Aykut Lenger, 2004)对摩洛哥、委内瑞拉、土耳其等国的实证研究结果支持负向溢出效应,利普西(Lipsey, 2002)认为 FDI 对东道主的技术溢出取决于东道主的政策、环境和产业水平。

(二)跨国公司

曼斯费德勒和罗密欧(Mansfidle and Romeo, 1980)通过研究 FDI 与技术势差之间的关系,指出跨国公司并非将其拥有的最先进技术转移给技术水平落后的东道国,而是因东道国的技术水平而确定其转移的技术水平。法格伯格和范恩帕根(Fagerberg, Verspagen, 1996)通过研究在不同国家之间技术的扩散,创立了技术差距论,分析了技术落后国参照技术先进国的技术追赶问题。科利(Kohli, 1991)从二元理论、生产理论和贸易理论的综合角度出发,对国家尺度技术扩散二元现象产生的原因、特点及可能解决的途径进行了分析。哈达德和哈里森(Haddad and Harrison, 1993)、埃特金和哈里森(1999)通过研究跨国公司对技术水平较低的东道国产生的正面与负面效应,指出跨国公司的进入可能不会缩小其与技术发达国家之间的技术差距,而是加大这种差距。

(三)国际贸易

最早对国际贸易的技术溢出效应进行分析的是费克尔(Fecher, 1990),他对比利时企业样本资料分析,结果显示国外 R&D 对比利时国内企业的技术增长没有显著作用。格罗斯曼和郝尔普曼(1991)认为,通过中间品进口,进口国的生产力水平会借助于其贸易伙伴的研发效应和技术扩散得到提高。科尹(Goe)和郝尔普曼(1995)通过研究技术扩散与贸易的关系,指出技术扩散是一国进口贸易总量与组成改变的原因之一。他们通过对 22 个工业化国家的研究显示,工业化国家的研究开发会产生显著的技术溢出效应。肖霍洛姆(Sjoholom, 1999)以瑞典专利引进数据作为衡量溢出的指标,结果表明国际贸易和地理近似程度与国际知识溢出紧密相关。伊生和科图姆(Eation, Kortum, 1999, 2002)发现进口外国技术对本国生产力的提高具有显著作用。许斌和王建铷（1999）证实了OECD国家之间贸易的R&D溢出现象。鲁门卡-纳索，哈库拉，冉莫特（Lumenga—Neso，Hakura，Jaumotte，1999）通过对产业间和产业内贸易在国际技术扩散中的作用研究发现，商品生产大国更有利于技术扩散。辛格（Singh，2001）对亚洲国家的研究表明，由进口产生的国际研发溢出效应促进了国家生产力的增长。科勒（Keller，2002）通过对欧美发达国家13个制造业部门的研究发现R&D活动对产业生产力增长的贡献中，本产业内部的R&D占50%，国内其他产业和国外R&D分别占30%和20%。席夫（Schiff）和王建铷（2003）研究发现墨西哥和北美自由贸易区伙伴国之间的贸易对全要素生产率有显著影响。然而也有部分学者得出了相反的结论。伊生和科图姆（1999）发现，如果引入贸易距离等变量，则国外R&D的进口额无助于解释国际技术溢出。莱文，劳特（Levin，Raut，1997）发现贸易政策与一国教育开支替代的人力资本水平之间存在高度互补性。

（四）国外专利申请

国外学者对国外专利申请与引用的实证研究较少。伊生和科图姆（1996）对19个OECD国家专利申请的实证研究表明，在大多数OECD国家，国际专利流动导致了生产力的大幅增长，增长幅度与生产力的水平负相关。安德森，范文库珀（Anderson，VanWincoop，2001）认为，与国际贸易相比，由专利申请带来的国际间知识流动的空间更加广阔。佩里（Peri，2003）研究发现人力资本水平低、贫穷且地理位置偏远的发展中国家和地区很难通过外国专利提高创新水平。许斌，艾里克·蒋（Eric，Chiang，2005）研究表明发展中国家和地区生产率的增长与当地国外专利存量正相关。

国内对技术扩散路径问题的研究文献还比较少，国内大多数学者认为技术扩散的路径有两种：一种是静态路径，主要突出技术扩散的模式，是指技术扩散发生的方式或渠道；另一种是动态路径，是指技术本身的生命周期对技术扩散模型及其应用局限扩散各个阶段的影响。具体的，张海洋（2005）、李平，刘建（2006）从区域经济，张海洋（2006）、彭有轩，秦尊文（2007）以湖北省为例分析了国外投资对技术扩散的影响，缪克平，唐正康（2005）、王文岩，刘建（2007）讨论了FDI的技术外溢现象，许和连，王艳，邹武鹰（2007）、吴建军，仇怡（2007）分别讨论了人力资本、人员流动和 R&D 存量与技术扩散的关系，饶睿（2008）讨论了专利制度与技术扩散的关系。总的来看，我国学者对该问题的分析肯定了技术扩散对经济发展的正面响应，但对 FDI、国际贸易和专利制度对我国各产业、各地区的技术扩散效应持不确定的态度。

三　技术扩散模型

技术扩散模型主要指通过数学或者计量模型对技术扩散问题进行规范研究，探讨对技术扩散产生影响的相关因素。技术扩散模型从定量分析的角度对技术扩散规律进行刻画，使用严密的数学模型方法验证定性分析所做出的判断，是对定性分析的有益补充，能更生动、更直观地表达技术扩散的规律。在这方面国外学者做的研究比较多，国内学者大多是沿用国外学者的模型分析或者对这些模型进行修正来解释具体问题。

罗杰斯（Rogers，1995）认为创新向社会扩散的最佳途径是将信息技术和人际传播结合起来加以应用。传统的技术扩散模型有社会学视角下的传染病模型和经济学视角下的贝叶斯学习模型、信息外部性模型、两阶段的计量模型及门槛模型等诸种新古典扩散模型。

（一）社会学视角下的技术扩散模型

最早对技术扩散进行系统分析的是社会学的传染病模型（Epidemic Models），曼斯费尔德（Mansfild，1961）通过对技术扩散问题的大量研究率先提出了传染原理，并在技术扩散问题的研究中创造性地应用了 Logistic 生长曲线，提出了著名的 S 型扩散模型，由此开创了对扩散问题研究的定量分析系统，这一研究成果对技术扩散问题的计量分析具有重要意义。它以信息不完全为出发点，假设限制技术扩散的主要因素是信息，通过研究技术信息的传播来研究技术扩散的时间路径。技术扩散即技术使用者的信息蔓延，其过程类似于病毒的传播，因而，该模型认为，有利于信息传播的社会网络结构更有利于技术扩散。

尽管有经验的验证，传染病模型仍有以下几方面的局限：其一，运用技术的最先采用者和时间作为解释变量，这一做法受到不少质疑（Crompton，2001）；其二，模型的预测能力让人难以信服；其三，模型的社会学方法论难以为经济学所接受，它认为技术扩散的效率取决于社会关系的网络结构，而与追求最大化的经济人无关。

（二）新古典经济学的技术扩散模型

继社会学的传染病模型后，新古典经济学也从信息不完全和企业动机等不同的角度对技术扩散进行了分析。最重要的模型有贝叶斯学习模型、信息外部性模型以及两阶段的计量模型等。

詹森（Jenson，1982）和麦克卡德勒（McCardle，1985）引入了贝叶斯学习模型（Bayesian Learning Model），通过解决信息完整性和真实性来解释技术扩散的机理。他们认为，一开始就对新技术持乐观态度的企业会率先采用新技术，并形成"S"形扩散曲线。与传染病模型不同，因为存在外部的信息源，这条扩散曲线必然是正偏的（Lekvall，1972）。詹森（1988）提出一个新的贝叶斯学习模型，对新技术的测试由每个企业进行并承担测试的相关成本，测试结果不对外公开。由此得出一个截然不同的结论：对新技术有更好预期的企业不一定更早采用新技术。

无论是贝叶斯学习模型还是詹森的新贝叶斯学习模型，都要求决策者完全理性且能胜任精确复杂的计算并据此做出最优决策，这一点使得这一模型脱离了现实基础。

与贝叶斯模型相似，信息外部性模型（Kapur，1995；Choi，1997；Vettas，1998）强调新技术收益的不确定性，而且，企业关于新技术的信息来源并非源自外部主体或自己的测试，而是来自于其他企业的选择行为。一个企业引进新技术会提高其他企业对新技术收益率的预期，即企业对新技术的引进是具有外部性的。该模型认为，企业间的这种博弈会导致囚犯困境，因为每个企业都可能会等着其他企业先引进新技术。

两阶段的计量模型（Two-stage econometric models）从企业动机出发来解释技术扩散的效率，是经济学系统地研究技术扩散的开端。其早期的代表人物有格里利谢斯（Griliches，1957）和曼斯费尔德（1961），其中前者对美国玉米杂交技术的扩散进行了研究。他们认为技术扩散效率取决于新技术的收益率，并由企业主体的最大化行为决定。这一模型的后续研究有的侧重于寻找新的正偏曲线对扩散路径进行拟合（Lekvall，Wahlbin，1972；Dixon，Dinar，1980，1991），有的则通过新增变量以解释扩散速度，新增变量中以反映市场结构的变量最为引人注目，如厂商数量、企业规模等，研究表明，市场竞争程度越高，扩散速度就越快（Globerman，1975；Romeo，1977）。

两阶段的计量模型本质上是产业经济学"SCP范式"（结构—行为—绩效）在技术扩散研究方面的应用，缺乏微观经济基础。

四 技术扩散尺度

技术扩散尺度一般分为宏观层次和微观层次（康凯，2004）。宏观层次的技术扩散一般是指国际间和地区间技术扩散，侧重于国际技术贸易和跨国公司技术扩散的研究，研究的主要内容包括技术扩散的过程研究、扩散模式及其机制研究以及扩散速度及其影响因素，试图揭示技术扩散在空间不均衡展开的原因和机制，为改善技术扩散过程、扩大扩散的范围提出相应的对策。这一方面的研究与前文中所述技术扩散路径的文献有部分重叠。

微观层次的技术扩散主要是指地区内的技术扩散，一般从企业集群与网络的角度展开研究，主要研究内容包括创新采纳者分类及其决定因素研究、创新采纳的过程及其影响因素并被市场采纳的更为广泛的问题，既包括有意识的技术扩散，也包括无意识的技术扩散，强调了技术采纳方决策对扩散的影响，是一个有意识的主观经济行为，试图揭示技术扩散的微观机制，为改善不同潜在采用者之间传递微观运行机制提出相应对策。

（一）宏观层次的技术扩散

巴罗和马丁（Barro，Martin，1997）通过对学习成本的研究，提出了在发达国家与发展中国家的技术追赶问题上，阻碍技术扩散的是较高的学习成本的观点。科克（1996）通过对墨西哥工业数据的检验，发现东道国的吸收能力与国际技术扩散产生的技术溢出呈正相关关系。科勒（1996）将技术扩散的空间尺度限定在一个国家内部，分析了R&D支出与扩散距离、扩散时间和技术进步之间的关系，试图解决在技术空间扩散过程中距离是否影响技术扩散，如果存在影响，这种影响的变化趋势如何这两个基本问题。

近年来，国内学者对宏观层次的技术扩散研究较晚，曾刚和袁莉莉（1999）通过以长江三角洲地区为对象，对国家内部部分地区高新技术扩散的特征、模式进行的研究，提出了建立区域技术扩散体系的对策建议。此外，国内学者李平，崔喜君（2005）、郭燕青，王红梅（2004）、杨先明（2004）、林毅夫，董先安，殷韦（2004）等分别从国际技术扩散、国外直接投资、国际技术贸易和技术选择的角度研究了不同类型国家技术扩散的特点、模式及技术赶超路径等问题。

（二）微观层次的技术扩散

国内外学者对微观层次的技术扩散研究主要集中在跨国公司对东道国

企业技术溢出和区域创新能力研究等方面。

国外学者中，阿布鲁和亨利（Abreu，Henri，2004）在界定技术扩散空间尺度的基础上，着重研究了微观层次技术扩散的空间集聚形式，提出了在空间上高新技术企业邻近的重要性。巴特（Bart，2002）通过研究欧洲区域内的跨国公司专利的购买与出售情况，验证了创新扩散首先从周边区域开始，随后向更大的范围扩散的假设。安多法托，格伦（Andolfatto，Glenn，1998）通过建立微观技术扩散模型对第二次世界大战后美国企业技术扩散的现状进行了阐述，指出技术扩散产生空间集聚的关键来自于众多企业内部的内生集聚因素（企业的创新意识、创新能力及其与别的企业进行技术交流的愿望），而不是外生集聚因素（外部有利的技术创新与扩散条件）。

我国学者康凯（2004）对技术扩散的微观层次进行了深入研究，通过对企业采用创新行为的博弈分析，提出了影响企业技术扩散最主要的三个因素，即外部环境因素、企业内部创新机制和扩散技术的属性。夏保华（2001）通过分析企业持续技术创新的内涵，论证了技术创新的持续性、集群性和竞争性。此外，技术创新微观尺度扩散的机制、环境与发展方向（王缉慈，2001；盖文启，2002）也被大量的学者从产业集群和企业网络的角度进行了阐述。

五 技术选择理论

技术选择从新古典增长理论时期就备受学者们关注，本部分对技术选择研究脉络的回顾将沿时间顺序将之描述为新古典增长理论、合适技术思想及技术选择假说三个阶段。

（一）新古典增长理论

根据索罗（1956）的开创性研究，基于新古典增长理论可以推导出一个结论，由于资本边际报酬逐渐递减，发展中国家增长速度应该比发达国家更快，二者人均收入差距会逐渐缩小，最后各国经济增长率将等于该国人口增长率。然而，虽然美国各州之间，以及发达国家间人均收入水平确实出现收敛（Barro 和 Sala-I-Martin，1992；Baumol，1986；Williamson，1995），但是证据表明，绝大多数发展中国家未能缩小与发达国家的人均收入差距（Pearson et al.，1969；Romer，1994）。

为了解释这一事实，罗默（1986，1990）认为经济增长由技术变迁驱动，而技术变迁是追求利润最大化的投资决策结果。卢卡斯（1988）则认为技术创新是由干中学（learning by doing）等因素内生决定的。在新增长理论的框架下，人力资本存量确实会决定经济增长率，且对外开放也会促进经济增长。这一理论对使用最先进技术的发达国家很有解释力。但是，对于有些发展中国家和地区向发达国家的收敛现象，比如韩国、新加坡、中国等地区超乎寻常的经济增长，新增长理论的解释并不十分有说服力（Pack，1994；Grossman 和郝尔普曼，1994）。

发展中国家与发达国家不同，技术创新多通过追随发达国家的技术前沿实现（Caselli 和 Coleman，2000）。使用前沿技术的发达国家，其技术创新可以通过 R&D 或其他创新机制来实现。然而，对于发展中国家来说，却可以通过模仿创新或技术转移实现创新。通过 R&D 实现的创新成本远高于模仿或其他技术引进方式，因此，技术从发达国家向发展中国家扩散将有助于后者的经济增长。

（二）合适技术思想

发展中国家能以较低成本从发达国家引进技术，但却面临哪种技术适合模仿或引进的问题。阿特金森和斯蒂格里茨（1969）把合适技术思想引入新古典贸易理论，提出 Localized Learning By Doing。巴术和韦尔（Basu，Weil，1998）认为发展中国家资本存量相对较低是引进先进技术的重要障碍。因此，如果能通过提高储蓄率来充分利用引进的新技术，发展中国家就有可能获得经济快速增长。阿西莫格鲁和奇里博迪（Zilibotti，1999）则注重强调引进新技术的坏处。他们认为，劳动熟练程度和技术之间的不匹配会拉大发达国家和发展中国家的生产率差距。卢卡斯（1993）也持有类似观点。

（三）技术选择假说

合适技术思想未能回答发展中国家政府在经济增长中应承担什么角色的问题。20 世纪经济发展中前苏联发展初期的成功、大萧条时期形成的对需求管理政策、对市场的悲观情绪以及新古典增长理论，都强烈影响了早期经济学家的政策建议（Rosenstein – Rodan，1943；Prebisch，1959）。他们鼓励发展中国家政府采取干预本国技术选择的政策，追求重工业优先发展或实行进口替代，缩小与发达国家的产业和技术的差距（Chenery，1961；Warr，1994）。

林毅夫（1994，1996a、b，1999，2001）的技术选择假说认为，大多数发展中国家未能够成功缩小与发达国家的差距，主要原因在于政府没有采取适当的发展战略。一个国家的最优产业结构是由其要素禀赋结构所决定的。在开放条件下，政府优先发展资本密集型产业并不符合其比较优势。要素禀赋结构升级为产业和技术结构升级提供了基础（Tan，1994；Basu 和 Weil，1998）。对于发展中国家而言，从发达国家转移新产业与新技术，与原有产业和技术差距越大，学习成本就越高（Barro 和 Sala. I. Martin，1997）。因此，发展中国家政府应该以促进要素禀赋的结构升级为目标，而不是以技术和产业结构的升级为目标。

国内对于技术选择的问题虽然起步较晚，但是也取得了很多有益的成果。这些技术选择的研究主要侧重于从一个国家或地区整体角度来进行。其中林毅夫做了大量关于技术选择方面的研究。为研究一个发展中国家政府所采取的发展战略若背离了最优的技术选择是否影响该国的经济增长速度及是否能够向发达国家的收入水平收敛，林毅夫、董先安和殷韦（2004）构建了一个衡量技术选择的指数，运用跨国数据研究了长期中技术选择、地理位置和政府质量等因子对各国 TFP 的影响，研究结果支持技术选择假说。潘士远、林毅夫（2006）从理论上证明了如果遵循比较优势的发展战略，发展中国家可以实现向发达国家的经济收敛。林毅夫、刘明兴（2006）认为一国产业的发展战略能否充分利用本地的比较优势将决定其长期绩效。

第四节　农业技术进步方向、农业技术扩散与选择

经济发展离不开技术层面上创新的支持。美国农业经济学家舒尔茨（2009）认为，任何一个社会的农业发展，如果不能突破技术发展的限制，发展最终只能达到传统农业特有的均衡。

正如农业技术进步是农业经济可持续增长的内在客观规律一样。它的方向性演进必将对农业技术扩散、农业技术选择，进而对农产品的生产产生显著影响。本部分将从农业技术进步方向、农业技术扩散和农业技术选择三方面进行文献的梳理和把握。

一　农业技术进步方向

（一）农业技术进步的研究

农业技术进步指除了土地、资金、劳动等经济要素以外，所有能导致

农业生产效率提高的方法、手段的提高及其应用于生产中不断提高农业生产效率的过程。一切导致农业生产效率提高的农业技术都是构成农业技术进步的因素。朱希刚（1993）认为，农业结构战略性调整的目标也就是农业技术进步的目标。并强调农业技术创新应以提高农产品质量、增加农业效益、保护生态环境为重点，资源开发与市场开发相结合的技术方向。同时重视农业基础研究、加大原创性、有自主知识产权的科技成果比重，并使之产业化，达到优化结构调整，增加农民收入的目标。

国外关于农业技术进步最有代表性的理论是诱致型技术变迁理论。它最早由日本的速水和美国的拉坦（1971）提出。他们在《农业发展》一书中，系统地分析了农业发展中的诱致性技术创新理论，并运用诱致性技术变迁理论对美国和日本1880—1980年间的农业发展进行了比较研究。诱致性技术变迁理论包括生物和机械技术进步相联系的要素替代性和互补性的特点。机械技术进步正是单位劳动产出增长的主要源泉，生物技术则是单位土地产出增长的主要源泉。当一种要素价格发生改变后，市场中的最优生产点会发生变化。

国内关于农业技术进步比较有代表性的观点是由林毅夫（2005）提出的，他认为，发展中国家政府的目标应该是促进要素禀赋的结构升级，而不是技术创新和产业结构的升级。在农业部门，若要推动产业结构调整优化，要加快农业技术创新的体制创新，依靠农业技术进步增加农业产值，改进农产品的品种质量，就要参照国家标准制定和执行广泛的农产品质量和卫生标准，为农民和农产品生产经营者提供明确的生产规范，从而提高农产品附加值的产品竞争力；还要大力发展具有比较优势的劳动密集型产业，努力创造非农就业机会，为农村剩余劳动力拓宽就业渠道。很显然，与速水和拉坦不同，林毅夫更注重的则是一个国家或地区的资源禀赋。资源禀赋结构的升级外在表现为农业技术的进步，从而实现农业发展水平的提高。

此外，近年来国内对于农业技术进步的论述主要集中于对于农业技术进步率的测度和解析。对于农业技术进步率的测算更多地参照技术进步率的测算。技术进步率的测度最早出现于索洛（1957）的索洛余值法，即全要素生产率（Total Factor Productivity，TFP）。之后，乔根森（Jorgenson）等对全要素生产率的概念和内涵及测量方法进行了发展，并进行了卓有成效的经验分析。现在这一方法已经成为测算全要素生产率最具有代表性的方法。在随后近半个世纪的不断发展中，全要素生产率理论的研究从最初的余值法发展到随机前沿生产函数法，以 DEA 为代表的非参数方法使 TFP 研究进入一个新的阶段。朱希刚（1993）最早使用索洛残值法，建立 C—D 生产函数，测算出我国从"一五"至"九五"时期各个阶段的技术进步贡献率。1997 年农业部正式将朱希刚的这种方法确定为计算农业技术进步贡献率的国家试行标准。此后，运用这一方法计算各时期、各区域科技进步贡献率的文献不断出现，代表性的文献有顾焕章等（1994）、陈凯（2000）、赵洪斌（2004）、赵芝俊等（2006）、袁开智（2008）、梁平（2009）等。这些文献测算的中国农业的技术进步率或有差别，但研究结论显示，中国农业技术进步率均低于中国经济的技术进步率。

（二）农业技术进步方向的研究

农业技术及其对农业和农村发展的影响是近年来新农村建设中劳动力流动问题研究中颇具争议的领域之一。争论的焦点主要集中在不同的农业技术生产要素的偏向（即农业技术进步方向）对劳动力调整以及对农业和农村发展造成了什么影响。对此，学者们持不同的观点。

一部分学者认为不同类型的农业技术生产要素偏向增加了劳动力需求。速水佑次郎（2000）将技术分为两种：一种是机械技术，被称为劳动集约型技术；另一种是生物和化学技术，被称为土地集约型技术。[①] 农业增长被看作是人造的投入品替代劳动和土地的过程，因此，劳动节约型技术就成为对劳动的替代品。劳动节约型技术的进步，劳动力使用总量下降。相比而言，土地节约型技术成为土地的替代品。土地节约型技术的进步，使土地使用总量下降，而单位土地上投入的土地节约型技术上升，与其相应的劳动力需求上升，土地的总产量增长；一部分学者相信农业技术生产要素偏向促进了劳动力的供给。明腾（Minten，2008）把区域地理特性作为外生变量，通过对马达加斯加实证研究表明乡镇可以通过劳动力使用型技术和资本使用型技术，提高农作物的产量，从而带来更低的粮食价格。提高非熟练工人的真实工资，增加劳动力供给，社会福利指数上升；

[①] 类似的划分还见于其他文献，如：董鸿鹏（2007）从经济学的分析角度出发，根据市场需求和资源禀赋把农户技术选择的技术划分为"两对"农业技术：高产技术对优质技术，节约劳动力型技术对节约资金型技术。

此外，还有一部分学者对农业技术生产要素进行深入研究。陈开军、贺彩银和张永丽（2010）认为剩余劳动力的转移会通过 K、L 的替代效应，引起渐进的资本偏向型技术创新，短期中会增加农业生产效率，长期中会不断深化农业生产资本。

在农产品生产过程中，农药技术进步扮演了"双刃剑"的重要角色。农药是防治重大病虫害、确保农产品生产安全的重要技术手段。然而，农药的长期大面积不规范的施用，对农产品生产安全造成了严重影响（张斌，2012）。现代农药就其来源可分为生物农药和化学农药，两种类型的农药技术在农产品生产中均有大范围的应用并对农产品的安全有着不同的影响（Mandal et al.，2003）。农药技术进步方向及其扩散对农产品安全至关重要。对农业技术扩散的研究自格罗斯（Gross，1943）和曼斯费尔德（1965）以来已形成以某一种特定技术为具体研究对象的研究范例，然而对农药技术的扩散研究较为少见，更罕有对不同农药技术进步的方向性演进与扩散的研究。

国内外学者在农业技术偏向对劳动力需求和供给的影响农业技术生产要素以及农业劳动力调整等方面作了大量的研究，这些研究侧重于从投入产出角度分析农业技术和劳动力对农业产量的影响，忽视农业技术偏向即农业技术进步方向对技术扩散和技术选择的影响。

二 农业技术扩散

1935 年，英国经济学家克伦和约翰逊提出了农业技术扩散应用理论，他们认为任何新技术的不断创新应用都是循环无止息的。他们将一种新技术的应用过程分为 5 个阶段：发觉—探讨—评价—试验—采纳。这一理论指出了技术进步对农业发展的贡献主要体现在农业部门之外。

学者瑞恩（Ryan）和格罗斯（1943）进行的夏威夷杂交玉米扩散研究对创新技术扩散的方法论和理论框架等都产生了极大的影响。并且为后继的扩散研究确定了研究方向，即扩散研究应着眼于：1）与创新性相联系的变量；2）创新技术的利用率；3）沟通渠道的作用；4）解释创新利用速度的因素。同时，正是这项具有开创性意义的研究推动了技术扩散研究的快速发展。20 世纪 50 年代扩散研究在美国迅速发展，定量化研究以及各种用以描述、解释扩散过程的数学模型大量出现。之后，技术扩散理论还广泛应用于其他农业技术。现阶段，技术扩散理论仍然被用于研究农业领域。国外主要研究集中在以下方面：有关农业技术扩散的含义、农业技术扩散影响因素的分析、农业技术扩散过程以及农业技术创新扩散的模式和模型等。

国内的研究起步比较晚，20世纪80年代后期才陆续有学者和刊物介绍国外技术扩散的一部分研究成果。进入20世纪90年代以后，技术创新问题受到了政府部门和学界的高度关注与重视，有关技术创新及扩散的研究大量出现（刘吉昌，2008）。但这些研究主要集中在工业技术创新方面，到目前为止，有关扩散，特别是农业技术扩散的研究仍然十分有限，相关成果比较少，研究比较分散，还远远没有系统化。主要集中在以下几方面：农业技术创新与扩散概念的辨析、扩散影响因素、农业技术推广体系、不同地区农户的技术选择差异性研究、农业技术扩散速度的模型研究、农业技术创新扩散模式等。

符礼建、陈勇、徐玖平（2001）研究了农业领域旱育秧技术的扩散模型，指出农业技术扩散受复杂因素的影响，不仅与自然环境、社会经济情况有关，而且与农户自身素质相关联，在影响技术扩散的众多因素中，技术的经济效益是首要因素。廖志高（2004）对旱育秧和温室两段秧技术扩散进行了分析，结论显示，技术推广对农户的影响远远大于农户之间相互交流的影响。史金善、季莉娅（2008），蒋和平、张春敏、宋莉莉（2007）研究了农业龙头企业对我国农业行业技术扩散的重要作用，指出这种技术扩散模式外溢性强，交易成本低，效果显著。王武科、李同升、刘笑明（2009），刘辉、李小芹、李同升（2006）以杨凌农业示范区为例，研究了我国农业技术扩散的因素和动力机制。宋德军（2008）通过建立农业技术扩散模型，测算农业的技术扩散速度，结果表明，我国农业技术扩散速度比较缓慢，低于其他产业，同时与发达国家比较，差距更大。

三 农业技术选择

目前农业技术选择的文献主要集中于不同地区间技术分工、落后地区的技术引进及吸收、农业技术选择的微观影响因素三个方面。前两个方面的农业技术选择指宏观角度下一个国家或一个地区的农业技术进步路径选择；第三个方面的农业技术选择是指经营者在利润最大化的目标前提下，结合农户现有的各资源存量，采用适当的农业技术的经济行为，它实质上是农业技术在农业中的推广、应用。

（一）技术分工方面的研究

在技术分工方面，大部分的文献认为农村地区应该在自身条件的限制下选择通过模仿或引进来实现技术进步，进而实现经济增长。蒂斯（Teece，1977）和曼斯费尔德等（1981）认为，由于发达地区（城市等）处于技术知识的前沿，因此，只能通过技术的不断发明来保证技术的持续创新。相反，对于落后地区（农村）来说，通过模仿或引进的方式实现技术进步的成本较低。因此，落后地区（农村）具有技术创新的后发优势，可以最终实现收入水平的收敛。巴罗和塞赖·曼廷（Salai Mantin，1997）也有类似结论。阿西莫格鲁，阿格郝恩和奇里博迪（2005）指出，落后地区（农村）发展的最优选择是模仿较为发达地区的现行技术。

（二）技术引进与吸收的研究

在技术引进及吸收方面，大部分文献认为农村地区引进技术需要注意自身的条件。一个先进技术的功能的发挥还经常依赖于其他基础设施和技术设备的存在。利奥亨斯坦（Leohenstein，1966）发现，即使把发达地区先进的技术以整个工厂完整搬迁的方式转移到落后地区（农村），其生产效率也远低于发达地区，因此农村地区对于知识的吸收能力至关重要。巴罗和塞赖·曼廷（1997）建立的模型认为，落后地区能否赶上发达地区，主要取决于落后地区的初始技术水平、模仿成本以及人口总量等因素。巴术和韦尔（1998）指出发达地区的技术并不一定适用于落后地区，是否适用主要取决于落后地区与发达地区要素禀赋（人均资本）之间的差异。阿西莫格鲁和奇里博迪（1999）认为改善落后地区工人的劳动技巧和人力资本对于收入收敛是至关重要的。林毅夫（1996，2003）的研究表明，农村地区的技术吸收能力是内生于其发展战略的。

（三）微观影响因素方面的研究

奎里诺·帕里斯（Quirino Paris，2008）在希克斯（1932）、速水和拉坦（1971）以及卡普托（Caputo）和帕里斯（2005）的研究基础上，对美国农业技术进步过程进行回溯，提出了农业经营者的技术选择取决于价格引致型的技术进步（Price-induced Technical Progress，PITP），然而他并没有考虑技术进步方向的问题，因此也没有研究技术进步方向对技术选择的可能影响。

国内文献方面，有不少学者对农业经营户的技术选择和采用行为进行了大量的实证研究。常向阳（2005）指出农业技术选择对农业生产具有显著影响。董鸿鹏（2007）认为农业生产的科技贡献率只有48%，低于发达国家水平（60%—80%），究其原因是农业技术选择存在着有效需求不足和有效供给不足的双重矛盾，导致农业科研结果的推广应用率很低。杨海龙（2009）从农户角度入手，分析了农民的技术选择行为及影响因素，建立了农民技术选择行为的回归模型，用数理统计法分析了驱动因子敏感性，认为农民的技术选择表现出对土地节约型和劳动力节约型农业技术的选择偏好。韦志扬等（2010）的研究结果表明，农业新技术产生的高经济效益是农户采用新技术的动力；户主的文化程度、家庭劳动力数量与采用农业新技术的意愿成正比。类似的研究还有周行（2005）、李明海（2007）、吴冲（2007）、黄群俊（2004）等。

第五节　理论述评及研究展望

在上文中，梳理了农产品安全生产、技术进步方向、技术扩散、农业技术扩散与农业技术进步方向等方面的理论文献。在本部分，将对这些理论文献加以一一述评并对预期研究方向进行展望。

一　现有文献述评

（一）农产品安全生产文献评述

总体来看，关于农产品安全生产问题的研究，国内外相关文献均已取得一定的进展，学者们所提出的相关理论和措施建议也都具有一定的参考借鉴价值；但目前研究大多侧重于农产品安全问题的认识和成因、影响因素和控制管理策略等方面。从宏观角度看，相关研究都显现出了不同程度的不完善性乃至不准确性，尤其是还有两大缺憾需要弥补。

其一，现有文献都是在技术给定的前提条件下展开分析的。技术进步会极大程度地放松生产的技术约束，带来生产可能性边界的外移。那么，当放松农产品安全生产的技术约束时，现有文献所探讨的关于农产品安全生产的成因、动机及解决方案是否应该用更宽的角度来进行分析？更深一步，如果将农产品安全生产的技术进步方向纳入分析框架中，对农产品生产安全会以更加崭新的角度来进行剖析。遗憾的是，现有文献在此方面很少涉及。

其二，针对我国农产品安全生产的现状，现有文献还缺乏以理服人的深度分析和系统的认知。从实证分析看，尽管不少文稿都有所涉猎，都提出了"还存在农产品生产安全问题"，但大都没有围绕所存在的问题进行深层分析，多是在没有完全吃透中国现状的情况下仿照国外文献进行分析和研究，显得比较零星、分散、薄弱和肤浅，研究深度不够。也正因如此，尽管许多文稿都给出了一定对策、建议或措施，但都不系统、不成体系；许多文献或提出了"应该（要）保障食品安全"，但都没有围绕"该怎样（如何）保障农产品生产安全"等展开系统论述。对于农产品安全生产来说，许多文稿还没有从理性的、全局的、战略的高度认知，没有系统的、完整的研究框架，也没有拿出具体的构想和实践操作方案，从而也就导致其理论解释力和实践有效性的脆弱。

(二) 技术进步方向的文献述评

在众多技术进步的文献中，技术进步方向并未进入研究者们的视野。阿西莫格鲁基于前人的研究，将技术进步方向纳入内生增长模型中，取得了方法论意义上的重大突破并在研究工资不平等、环境问题等方面有着较强的应用性。他的研究与诺德豪斯（2000）、斯坦因（2006）等学者对于增长、资源与环境的文献一样，引领人们继续深入思考环境安全、资源安全等方面的问题。然而，技术扩散并非他的关注重点，因此他没能注意到技术使用者的资源禀赋结构不同会对两种完全不同方向的技术进步的扩散速度和扩散效果产生影响。

(三) 技术扩散与选择文献述评

纵观国内外已有相关文献，发现国外对技术扩散机制的研究主要集中在技术扩散之所以能够进行的原因，而国内对不同产业、不同视角的技术扩散机制实证研究近年来较多；国外对技术扩散路径的研究主要是通过FDI与国际贸易对技术扩散路径进行阐述的，国内对技术扩散路径问题的研究文献还比较少，目前对该问题的研究大多沿袭西方理论来进行分析讨论。对于技术扩散模型的研究，国外学者主要通过数学或者计量模型对技术扩散问题进行规范研究，主要分析了对技术扩散产生影响的相关因素。而国内学者大多是沿用国外学者的模型分析或者对这些模型进行修正来解释具体问题。对于宏观尺度的技术扩散与技术追赶问题，国内外许多学者都从国际贸易、国际直接投资、海外研发布局等角度进行了研究。国内外从产业的角度对技术扩散的研究并不多，主要集中于传统产业和高技产业。

现有文献的另一不足是大多是基于定性分析，缺少定量分析，尤其在实证分析中几乎没有针对农产品安全生产来进行研究，没有对技术扩散的效果找出相应的评价指标来进行定量分析，因此不足以说明技术扩散的各种因素是如何影响技术选择的。

此外，现有关于技术选择的研究主要侧重于从一个国家或地区整体角度来进行，较少对于微观企业的技术选择行为进行分析。初期研究已表明，技术进步方向对技术扩散的终点——技术的采用者有着较大的影响，然而，对这种影响的分析在现有文献里非常罕见。

（四）农业技术进步方向、扩散与选择的文献述评

国内外学者在农业技术偏向对劳动力供求的影响等方面作了大量的研究，这些文献注重从投入产出角度分析技术和 L 对农业产量的影响，没有考虑技术进步方向的问题，因此也没有研究技术进步方向对技术选择的可能影响，更没有研究农业技术进步方向对农产品生产安全的影响。

此外，我国农业技术进步的研究已经受到了广泛的重视，并已有相当系统的研究成果，但对农业技术进步方向，特别是不同类型农业技术进步扩散的研究相当薄弱，既没有系统化的理论分析，也没有较好的可操作性的推进模式；一般性的理论研究多，实证研究比较少；操作性、指导性不足。

二　研究方向展望

综上所述，基于技术进步方向角度对农产品安全生产的研究的不足可以总结为以下三方面：第一，现有文献对农产品安全生产在技术给定条件下展开，鲜有研究放松对技术给定的约束条件，更没有将技术进步方向纳入对农产品安全生产的分析框架中；第二，现有文献无论是理论研究，还是实证检验，都很少涉及技术进步方向与技术扩散和技术选择的互动机理；第三，更多的是对农业技术进步率和农业技术扩散速度的测定，而较少对不同技术进步方向技术扩散速度的精准测度，因而，无法更深入地分析影响不同类型农业技术扩散效果的因素，进而无法分析技术选择方向对于农产品安全生产的影响，因而，使得对农业技术进步对于农产品安全生产的互动机理缺乏实证支撑。

基于以上三点，笔者认为，以下几个方面是农产品安全生产的技术进

步方向下一阶段的研究重点：

第一，逐步放松技术给定的约束，可以为分析我国农产品安全生产困境提供与以往文献不同的理论视角，为解决农产品安全生产（包括食品安全）问题提供一种新的解决思路；

第二，借鉴阿西莫格鲁（2002，2009）、奥托等人（2008）、奎里诺·帕里斯（2008）等人的模型，将内生性技术进步方向模型应用于分析农产品生产安全问题，为解决农产品安全问题探索一条新的途径，实现这一模型在研究领域的横向延伸与拓展；

第三，将内生性技术进步方向模型与技术扩散理论结合起来，分析两种相互替代的技术进步方向的扩散速度并分析其扩散效果，实现这一模型的纵向深入；

第四，在对国内外农业技术进步方向、农业技术扩散与农业技术选择的文献进行整体性把握的基础上，对不同类型技术进步扩散速度进行测度，对不同类型技术进步扩散的影响因素进行深层阐述。在现有的农业技术进步理论范围内进一步边际拓展，提出两种类型农产品生产技术的扩散速度测定方法，为农产品生产技术市场上的"劣币驱逐良币"现象提供更有说服力的理论解释；

第五，基于农业技术进步方向对中国农产品安全生产的机理进行解析，建立包含"农业技术进步方向—技术扩散—技术选择与政策规制"的动态框架，系统地、深入地解构我国农产品安全生产，并针对农产品安全生产问题提供更有效的规制路径和中肯的政策建议。

第三章

中国农产品安全生产技术的逆选择困境

本部分将就中国农产品安全生产技术的技术进步所面临的主要问题展开论述。分析将按农产品安全生产技术—农业生产投入安全技术—农药技术的不同方向的逻辑链条逐层聚焦,我们会发现农药技术呈现两个不同技术进步方向:化学农药与生物农药。本部分将通过实证观测农户(或经营者)的农药技术选择行为,发现中国农药行业在农药消费环节所面临的逆选择困境,通过对中国农药行业技术进步所面临的逆选择困境的现状进行实证描述,为下一章的理论分析奠定事实基础。

第一节 农产品安全生产技术的进步方向

农业现代化就是把生产率较低的农业生产部门逐步改造成具有较高生产率的现代农业部门。生产率能否提高有赖于农业生产技术体系的全面进步。美国农业经济学家约翰·W. 梅尔(John W. Mellor, 1969)[1]从农业现代化角度将农业发展分为三阶段:传统农业阶段、技术性动态农业阶段(即低资本技术农业发展阶段)和高技术性动态农业(即高资本技术农业发展阶段)。相应的,农业生产技术体系按其生产率高低的特征,可划分为低生产率的传统农业技术体系、高土地生产率的低资本农业技术体系和高劳动生产率的高资本农业技术体系三种类型。现代农业技术进步以大量资本投入和技术进步相结合为特征,特别是第三种技术体系即高资本农业技术的技术进步往往意味着农业资本的不断深化。

---

[1] 参见[美]约翰梅尔《农业经济发展学》,何宝玉、王华、张进选译,农村读物出版社1988年版,第211—214页。

第三章　中国农产品安全生产技术的逆选择困境

在上一章的文献回顾中，我们知道，按生产要素与技术进步的关系，一般层面上可以把技术进步分为两种形式：一种是技术进步能同比例提高所有生产要素的投入效率，是无偏的技术进步，即传统的希克斯中性技术进步，其一般函数表达式为 $F(A_t, K_t, L_t) = A_t F(K_t, L_t)$；另一类是技术进步不能同比例提高资本 K 和劳动 L 的生产率，是有偏的技术进步。如技术进步是劳动增进型的即为哈罗德中性技术进步，其一般函数表达式为 $F(A_t, K_t, L_t) = F(K_t, A_t L_t)$；如技术进步是资本增进型的，即为索洛中性技术进步，其一般函数形式为：$F(A_t, K_t, L_t) = F(A_t K_t, L_t)$，它往往被称为资本体现式的技术进步[1][2][3]。

农业技术的技术进步是否都表现为资本体现式的技术进步或是资本的深化呢？在下文中，我们将围绕农产品安全生产技术，对其技术进步方式进行分析。

一　农产品安全生产技术

农产品安全是我国现代农业的战略性发展方向。农产品安全生产业已成为促进我国农业可持续发展和农产品国际贸易的重要技术保障。安全的农产品是以指农药、硝酸盐、重金属、各种有害微生物等多种对人体有害的物质的残留量均在国家标准限定的范围之内的农产品，一般包括无公害农产品、绿色食品和有机农产品（杜相革，2008）[4]。农产品安全生产技术是农产品安全的技术保障体系，有学者认为农产品安全生产技术体系包括了生产与加工技术、质量检测与监控技术、物流与仓储技术、信息化配套技术等子系统（杜相革，2008），也有人认为是从技术层面解决产前、产中、产后遇到的各种问题，改善生产技术和工艺，提高农产品质量，由政府相关部门、技术部门、技术人员等共同构成的有机整体系统（李铜山，2009）。钱原铬等人（2011）则认为农产品安全生产关键技术是现代

---

[1] 卡赫克、齐尔贝尔博格：《劳动经济学》，沈文恺译，上海财经大学出版社2007年版，第490—495页。

[2] Barro Robert, Sala – I – Martin. Economic Growth, MIT Press, 2000: 2 – 400.

[3] Solow, Robert. Investment and technological progress, In Kenneth Arrow, Samuel Karlin and Patrick Suppes, eds, Mathematical Methods in the Social Sciences 1959. Stanford, CA: Stanford University Press, 1960: 89 – 104.

[4] 参见杜相革《农产品安全生产技术》，中国农业大学出版社2008年版，第11—269页。

农业技术、分析技术、信息技术等在农产品安全生产过程中的全面实施及应用，贯穿于农产品生产的产前、产中和产后等环节，是现代高新技术与农业生产、安全检测与监控的融合。

农产品安全生产技术体系包含产前、产中、产后等诸环节。由于本书侧重强调作为生产过程中的特殊投入的生产资料及生产技术——农药对于农产品安全生产的重要性，因而，综合上述学者们的论述，本书认为，农产品安全生产技术体系包括产前作物选育技术、农业投入品安全技术、现代设施农业技术、农产品安全生产监控信息技术、农产品物流技术、农产品安全检测技术等内容。其关系如图 3-1 所示。

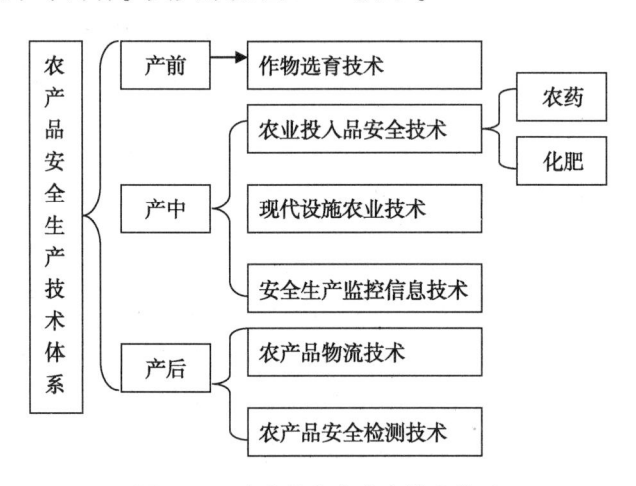

图 3-1　农产品安全生产技术体系

二　农业投入品安全技术

在图 3-1 中，我们可以发现，农业投入品安全技术在整个安全生产技术体系中属于产中环节，它包括化肥和农药两种农业生产所需的重要生产资料或技术。与其他农业生产资料相比，化肥与农药是农业生产中施用量最大的农业投入品。也是造成农业污染的主要污染源，因而要通过控制农业生产投入品对农产品安全的影响，实施安全的农产品生产技术，主要体现在农药与化肥两种投入品的技术进步上。

在现代农业生产中，农药（Pesticide）是防治重大病虫害、确保农产品生产数量安全的重要技术手段。不同时期、不同国家和地区对农药的界定有所不同，如在美国，早期曾将农药称为"Economic poison"，欧洲则认为是"Agrochemicals",还有研究者将之定义为"除化肥以外的一切农用化学品"。根据《中国农业百科全书·农药卷》的界定,农药是指用来防治农林牧业生产的有害生物(包括害虫、害螨、线虫、病原菌、杂草及鼠害)和调节植物生长的化学药品。

第二节 农产品安全生产技术的逆选择困境

逆选择源自于信息经济学中的信息不对称理论。阿克洛夫(1970)研究并阐释的由产品质量的不确定性所导致的信息不对称及其对市场效率的影响,开创了逆选择理论研究的先河。信息不对称是指交易双方对于交易对象的信息掌握和了解程度处在不平衡状态。信息不对称表现为两种市场失灵风险:第一种是信息占优势方的"败德行为"(moral hazard);第二种即信息占有的劣势方会面临逆选择风险。在我国农药流通环节,由于农户(或经营者)与农药制售商之间的信息不对称,农药尤其是化学农药出现过度使用和不规范使用,甚至高毒化学农药屡禁不止,而高效低毒的替代农药尤其是生物农药市场需求有限,严重影响了我国农产品的生产安全。

一 农药的过度使用困境

有研究指出,农作物病虫草害引起的农业生产损失最多高达70%,正确施用农药可挽回40%左右的损失。每年我国通过农药防治,粮食挽回约5845万吨、棉花101.5万吨、油料228.5万吨,每年挽回直接经济损失约800亿元[①]。如图3-2所示,从1991年以来,我国农药使用量与每公顷土地农药使用量均呈现逐年递增的态势。中国已经是世界第一大农药使用国。农业部资料显示,每年约有175万吨农药使用于农牧林业生产。

农药的使用量稳步增长,已经是提高农民收入、促进农村消费、保障国民经济稳定发展的必然选择。然而,农药的过度、不规范使用也为农产品安全生产带来了严重的影响,在图3-3中我们可以看出,2011年我国每公顷土地农药使用量高达13.6千克/公顷,仅次于以色列、日本,远高

---

① 数据来自世界农化网,http://www.agropages.com。

48　中国农产品安全生产的技术进步方向

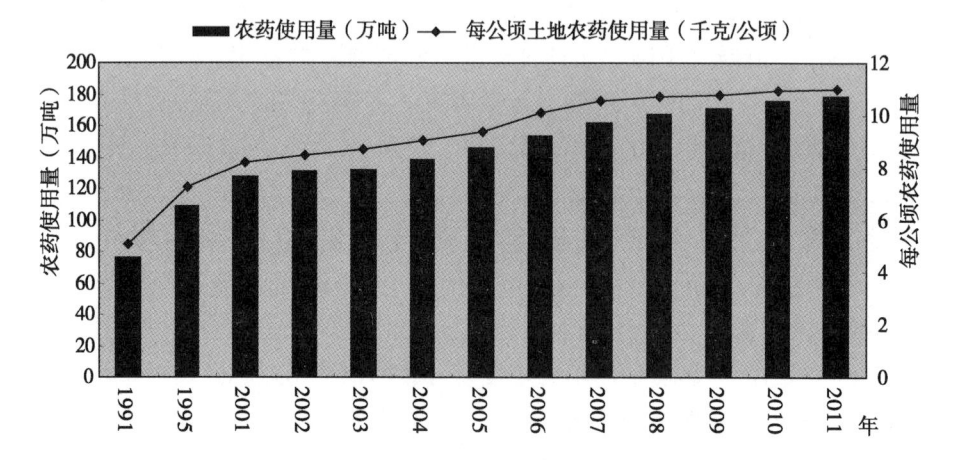

图 3-2　1991—2011 年间我国农药使用量与每公顷土地农药使用量

数据来源：中华人民共和国统计年鉴（1992—2012）、世界农化网。

于荷兰、美国、欧洲、印度等国家与地区。然而，与以色列、日本等国家不同，有研究显示，我国的农药施用量仅有约 30% 作用于目标生物，其余的 70% 进入环境。

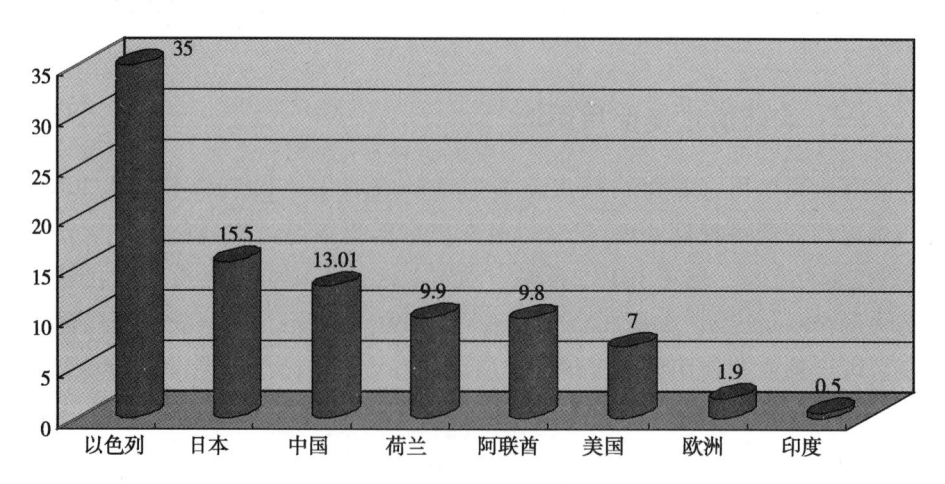

图 3-3　2011 年世界各主要国家（地区）每公顷土地农药使用量

（单位：千克/公顷）

数据来源：世界农药网。

在农产品生产过程中，农药的长期大面积不规范的施用，不仅导致农产品农药残留、作物病虫害抗性等诸多问题，对农产品生产安全造成了严重影响，对土壤、水体、大气等自然环境的污染也日益加重。有研究人员通过对位于广州周边和山东潍坊的两个典型农区的土壤、水和大气环境进行采样调查，研究发现，所有土壤、水和空气样品中均含有百种以上农药。土壤方面，广州周边地区稻田土壤样品检出农药 126—145 种，蔬菜地土壤检出 125—144 种。山东潍坊的蔬菜地土壤样品则检出农药 123—146 种，小麦地检出农药 122—134 种[1]。

二　化学农药的过量使用

由于长期大量施用化学农药，目前我国已是世界上农药污染最严重的国家之一，食品中农药检出率高达 90% 以上。而且，受大量施用化学农药的影响，现在棉铃虫、蚜虫、小菜蛾、斜纹夜蛾等多发性害虫对菊酯类、有机磷类化学农药的抗药性也已增加了几百甚至数千倍。[2]

作为一个农药生产和使用的大国，我国已逐渐认识到过量使用化学农药对我国农产品安全和环境安全造成的严重危害，也逐渐认识到通过减少化学农药的使用量以减少农药残留对农产品和环境的污染已成为必选之路。进入 21 世纪以来，我国已相继实施"无公害食品计划""农药减量控害行动计划"等行动。2007 年 1 月 1 日起全面禁止 5 种高毒农药（甲胺磷、久效磷、甲基对硫磷、对硫磷、磷胺等）的使用，农药管理质量与安全并重。然而，在农药减量化施用方面并不乐观。2011 年农业部设定了五年内全国农药使用总量减少 20% 的目标。但在 2012 年 11 月，此目标的完成时间被推迟到 2020 年。此外，在农药控害方面也存在很大问题，以国内农药品种结构为例，我国农药品种结构老化，一些高毒品种化学农药仍屡禁不止，集中表现为"三个 70%"（即杀虫剂占产量的 70%、有机磷占杀虫剂总产量的 70%、高毒有机磷品种占有机磷的 70%）[3]。近几年，"三个 70%"的产品格局已有所改观，除草剂产量逐年上升，杀虫剂产量逐年下降，杀菌剂产量较为平稳，但化学农药使用量仍占农药总量的 90% 以上，生物农药所占比例不足 10%，这种现状已不能满足农产品安全生产和环境保护的要求。

---

[1] 张斌等：《环境中的农药：中国典型集约化农区土壤、水体和大气农药残留状况调查》，2012 年。

[2] 中投顾问：《2011—2015 年中国化学农药行业投资分析及前景预测报告》，2011 年。

[3] 转引自《中国农药工业年鉴（2013）》。

第三节 农户农药技术选择意愿的实证分析

本书第二节对我国农药流通、消费领域的"逆选择"现象进行了宏观层面的解读。本部分将从微观层面实证分析农户（包括农业经营者，下文同）在进行农产品安全生产技术选择时所存在的"逆选择"。我国农户在生产过程中，面对不同的农产品安全生产技术（本书特指农药技术），他们的技术选择受哪些因素影响？什么是农户农药技术选择的主要影响因素？个体因素还是社会因素是农户选择生物农药或选择化学农药的主要推动力？技术层面的差异是否影响了农户对农药的选择过程？对这些问题的研究与探索，将构成本书下一步研究的问题的基础。

一 研究假设

农业技术选择是指农户在利润最大化的目标前提下，结合农户现有的各资源存量、采用适当的农业技术的经济行为，是一个理性选择过程。理性选择理论认为一个理性的"经济人"依据效用最大化原则做出最优选择。因而需要理性地分析对其选择行为有影响的各种因素。已有不少学者对农业经营户的技术选择和采用行为进行了大量的实证研究。如常向阳（2005）、董鸿鹏（2007）、杨海龙（2009）、韦志扬等（2010）从农户角度入手，分析了农民的技术选择行为及影响因素，建立了农民技术选择行为的回归模型。

综合已有研究及实地问卷调查的情况，本书认为影响农户对农药技术选择意愿的因素包括以下几个：（1）受访者的个体特征，如年龄、性别、受教育程度、从事农业活动的时间；（2）农户的家庭特征，如农户的家庭人均收入、收入来源构成、经营模式、种植面积以及农产品去向；（3）农户农产品安全意识，包括对农产品安全问题的认知、农药施用的频率等；（4）农户对生物农药的认知与选择，包括对生物农药的认知深度、施用频率、市场可及度与对政策的了解程度。在此基础上，提出如下假设：

假设1：农户的个体特征对生物农药的选择意愿有影响。年龄大的农户思想观念相对保守，他们可能较不愿意选择生物农药；受教育程度高的农户由于学习能力与接受新技术的能力较强，对选择生物农药可能持有更积极的态度，但也可能选择施用成本更低的化学农药，因而，受教育程度对农户生物农药选择意愿的影响有待验证[①]；从事农业活动时间越长的农户由于经验依赖，可能更愿意选择化学农药而非生物农药。

假设2：农户的家庭特征对农药选择意愿有影响。种植面积越大，越倾向于选择生物农药；经营模式也会影响到选择意愿，企业化运作的农户对选择生物农药有较积极的意愿；收入构成对农药选择意愿有较强影响，收入构成中来自农业经营的比例越小，农户对选择生物农药的意愿越不强烈。

假设3：农户的农产品安全意识越强，则更倾向于选择生物农药的意愿。

假设4：对生物农药的认知模糊阻碍了农户对生物农药的选择意愿。同样，生物农药的市场可及度以及相关政策的普及程度也是如此。

二 研究方法及模型选择

农户农药选择意愿及其影响因素之间的关系可表示为如下函数形式：农户选择生物农药的意愿 = F（农户个体特征，农户家庭特征，农产品安全意识，对生物农药的认知态度）+ ε。在本研究中，由于被解释变量是农户对于生物农药的选择意愿，农户在（生物农药，化学农药）两个方案中做出选择。因此，与通常被解释变量是连续变量的假设相反，因变量只取（0，1）两个值，所以，无法采用一般的多元线性回归模型并使用OLS或其他方法去估计模型的具体参数。较适用的模型为二分项Logistic模型。

Logistic模型是一种典型的离散因变量模型，通过拟合解释变量与事件发生概率之间的非线性关系，研究具有给定特征的个体做某种选择而不做另一种选择的发生概率，即关注被解释变量响应（取值1或0）的概率：

$$P(y_i = 1 \mid X_i, \beta) = P(y_i = 1 \mid x_0, x_1, x_2, \cdots, x_k) \quad (1)$$

在上式中，X_i表示全部解释变量在观测值点i上的样本数据的矢量，β是系数所构成的矢量。为克服线性概率模型的局限，将上式表示为如下二

[①] 关于受教育程度对农户新技术选择行为的影响，不同的学者意见并不一致，认为有正向影响的如马康贫等（2008）、秦军（2010）等，也有学者认为有负向影响，如宋军等（2009）。

元选择模型：

$$P(y_i = 1 \mid X_i, \beta) = 1 - F(-\beta_0 - \beta_1 X_1 - \cdots, \beta_k X_k) = 1 - F(-X'_i \beta) \tag{2}$$

式中，F 是取值范围严格介于 [0，1] 的概率分布函数，且具有概率密度函数（即是连续的）。具体到本书，二元 Logistic 回归模型可表示为：

$$P(y_i) = \frac{\exp(\beta_0 + \sum_{k=1}^{p-1} \beta_k X_k)}{1 + \exp(\beta_0 + \sum_{k=1}^{p-1} \beta_k X_k)} \tag{3}$$

式中，$P(y_i)$ 为农户表示愿意选择生物农药的概率，i 为样本编号，β_k 表示各影响因素的回归系数，β_0 为回归截距。

三 变量说明及数据来源

模型中的被解释变量为农户是否愿意选择施用生物农药，在其他学者的研究基础上，本书在构建农户选择生物农药意愿影响因素的计量经济模型时，选取农户个体特征、农户家庭特征、农产品安全意识及对生物农药的认知态度四类 17 个变量作为解释变量，在变量的形式上除年龄变量外均采用虚拟变量形式，如表 3-1 所示。

表 3-1　　　　　　　模型所用的变量及其说明

变量	取值	变量赋值	预期
施用生物农药意愿 choice	0—1	施用化学农药 = 0，施用生物农药 = 1	
1. 个体特征			
年龄 age	连续变量		-
性别 gender	0—1	A = 1；B = 0	不确定
受教育程度 education	1—5	A = 1；B = 2；C = 3；D = 4；E = 5	不确定
从事农业活动时间 year	1—3	A = 1；B = 2；C = 3	+
2. 家庭特征			
收入构成 source	1—3	A = 1；B = 2；C = 3	-
经营模式 mode	0—1	A = 0；B = 1	+
家庭人均收入 income	1—4	A = 1；B = 2；C = 3；D = 4	+
种植面积 area	1—4	A = 1；B = 2；C = 3；D = 4	+

续表

变量	取值	变量赋值	预期
农产品去向 trend	0—1	A=1；B=0	+
农产品种类 type	0—1	A=1；B=0	+
3. 农产品安全意识			
农产品安全意识 awareness	1—3	A=1；B=2；C=3	—
施用农药频率 frequency1	0—1	A=1；B=0	+
影响农药选择因素 element	1—5	A=1；B=2；C=3；D=4；E=5	-
4. 对生物农药认知态度			
认知深度 depth	1—3	A=1；B=2；C=3	+
施用频率 frequency2	1—4	A=1；B=2；C=3；D=4	-
市场可及度 market	1—3	A=1；B=2；C=3	-
政策了解程度 policy	0—1	A=1；B=0	+

本书所用数据来源于笔者 2014 年 7—8 月组织实施的实地调研数据，调查员为课题组成员及本科生。样本分布于杭州市江干区、萧山区、余杭区，这三个区均位于杭州市郊区位置，为杭州市郊蔬菜、花卉苗木、茶叶等农业经济作物的主要种植区。每份样本选择农户户主或经营者作为被调查对象，采用半结构性访谈法和调查问卷法，共发放问卷 150 份，剔除信息有误及信息不全的问卷后，最终得到有效问卷 119 份，问卷有效率为 79.33%。

四 样本描述性分析

如表 3-2 所示，被调查样本呈现以下几方面特征：

（1）农户个体特征情况。从农户个体特征来看，在所调查的 119 份样本中，男性所占比例为 61.3%，超出女性从业人员 22.6%；从年龄结构来看，31—40 岁所占比例最大，为 34.5%，41—50 岁占比为 32.8%，51 岁以上老年从业人员所占比例为 28.6%，30 岁以下所占比例很少，显示出从事农业生产活动的年龄结构呈中老年化倾向。从受教育程度来看，具有初中文化水平的比例几近被调查样本的一半，为受调查样本的主体人群；从事农业活动时间为 11—20 年的受访者占比最高，为 42.9%。

（2）从农户家庭特征来看，受访农户中只有 2.5% 的样本其收入来源为纯农业，以其他为主、兼营农业的所占比例最大，为 65.5%。家庭人均年收入为 5000—10000 元的占比 28.6%，10000—15000 元的占 54.6%，两者合计占比为 83.2%。此外，有 16.8% 的受访者经营模式为公司或组织，其余 83.2% 为个体经营；14.3% 的受访者所生产的农产品是自己消费，85.7% 的农产品用于市场销售；有 45.4% 的受访者种植面积不足 1 亩，只有 12.6% 的受访者种植面积为 10 亩以上，受访者的细碎化经营特征非常明显。

（3）农产品安全意识方面的特征。只有 14.3% 的受访者表示在选择农药时会考虑农药残留问题，并尽可能选择对环境影响小的农药，有 57.1% 的受访者表示在选择农药时不会考虑农药残留问题，只考虑杀虫效果是否满意。只有 18.5% 的受访者表示愿意选择生物农药，对生物农药的选择意愿明显弱于化学农药。85.7% 的受访者的农药施用习惯是一发现病虫害就进行喷施而非定期施用。受访农户在选择农药时考虑的最主要因素依次为药效快（39.5%）、价格低（24.4%）、效果好（15.3%）、安全无毒副作用（14.3%）以及施用技术简单（8.4%），安全无毒副作用仅列在第四位。此外，还有一个令人关注的现象，如生产的农产品是农户自己消费时，农户会倾向于选择生物农药甚至是不施用任何农药，而当生产的农产品是用于销售时，其中 81.6% 的农户会选择化学农药。

表 3-2　　　　　　　　　　样本基本特征

项目	项目分类	样本数量	比例（%）
性别	男	73	61.3
	女	46	38.7
年龄	20 岁以下	2	1.7
	21—30 岁	3	2.5
	31—40 岁	41	34.5
	41—50 岁	39	32.8
	51 岁以上	34	28.6
受教育程度	从未上过学	17	14.3
	小学	18	15.1
	初中	56	47.1
	高中	26	21.8
	大专以上	2	1.7

续表

项目	项目分类	样本数量	比例（%）
从事农业活动时间	10 年以下	35	29.4
	11—20 年	51	42.9
	20 年以上	33	27.7
家庭收入构成	纯农业	3	2.5
	以农业为主，兼营其他	38	31.9
	以其他为主，兼营农业	78	65.5
家庭人均年收入	5000 元以下	3	2.5
	5000—10000 元①	34	28.6
	10000—15000 元	65	54.6
	15000 元以上	17	14.3

（4）对生物农药的认知态度。119 位受访者中，有 97 位受访者的农药选择意愿是化学农药。有 14.3% 的受访者表示不知道生物农药，有 57.1% 的受访者认为生物农药就是效果不好的农药，二者合计占 71.4%，只有 28.6% 的受访者对生物农药的认知是"安全、不污染环境的农药"。对于生物农药的市场可及度方面，只有 14.3% 的受访者表示可以很方便地购买到生物农药，56.3% 的受访者认为"能买到但却不方便"，还有 29.4% 的受访农户表示买不到。只有 28.6% 的农户了解政府部门对选择生物农药的农户有政策性补贴，71.4% 的受访者对这一政策并不知晓。在选择使用生物农药的 22 个受访农户中，选择生物农药排在前两位的原因是"由政府、科研院所开展的农业科技项目的带动"（54.5%）以及"在当地政府或村委会号召下使用"（36.4%）。在最不满意生物农药的几个特性里，排在前三位的分别是"稳定性差"（40.9%）、"药效慢"（36.4%）、"防治范围小"（18.2%），"价格偏高"并非是最主要因素。

五 Logistic 模型的估计与检验

本书应用 Eviews 6.0 统计软件对 119 个农户样本数据进行二项 Logistic 回归处理，为分析对选择意愿影响显著的因子，以是否愿意选择生物农药

---

① 注：根据 2013 年浙江省统计局公报，截至 2013 年年底，杭州市农业人口人均年收入中值为 14400 元，以此为依据在此处设置四个选项。

作为因变量，采用后向逐步剔除法，先将全部变量引入模型，然后逐步剔除不显著因子，直至模型（4），进入模型的变量均比较显著。因此，将其作为农户选择生物农药意愿模型的主要影响因子。生物农药选择意愿的影响因素实证结果如表3-3所示。

表3-3　　　　　生物农药选择意愿的影响因素实证结果

影响因子	模型（1）	模型（2）	模型（3）	模型（4）
C	-55.77050 (0.4823)	12.44708 (0.2460)	12.46885 * (0.0478)	16.85094 *** (0.0003)
age	-1.142816 *** (0.0032)	-0.133112 *** (0.0028)	-0.132197 *** (0.0016)	-0.145898 ** (0.0005)
area	0.127910 * (0.1845)	0.583031 * (0.1485)	0.796255 * (0.0317)	0.960958 ** (0.0066)
aware	16.26471 * (0.1423)	1.390511 * (0.1060)	1.036203 (0.2524)	
depth	-0.303292 * (0.1563)	0.375959 (0.6252)		
edu	0.478282 ** (0.0876)	-1.246220 * (0.1933)	-1.117181 * (0.0995)	-1.365848 ** (0.0033)
elem	-0.864922 ** (0.0452)	-1.631695 ** (0.0371)	-1.301582 ** (0.0113)	-1.143566 ** (0.0059)
inc	0.308786 * (0.2031)	0.340221 (0.5018)		
market	4.479528 * (0.1968)	-0.754656 (0.6244)		
mode	0.666358 * (0.1439)	-0.190648 (0.8583)		
sour	-1.263588 *** (0.0021)	-2.725001 *** (0.0018)	-2.777719 *** (0.0004)	-2.915464 *** (0.0003)
year	1.113795 * (0.2879)	0.933139 * (0.2982)	0.572804 (0.2466)	
gen	3.520598 (0.4536)			
Freq2	-0.260884 (0.6539)			
policy	18.17047 (0.5318)			
McFadden R-squared	0.483435	0.488453	0.575076	0.662105
样本量	119	119	119	119

注：括号内数值为P值。"***"表示在1%水平下显著，"**"和"*"分别表示在5%水平和10%水平下显著。

最终模型的参数及其检验情况如表3-4所示。

表3-4　　　　　　　　模型（4）参数及检验情况

影响因子 Variable	回归系数 Coefficient	标准误差 Std. Error	Z 统计量 Z - Statistic	P 值 Prob.
C	16.85094 ***	4.702599	3.583325	0.0003
age	-0.145898 ***	0.041885	-3.483280	0.0005
area	0.960958 **	0.353904	2.715304	0.0066
edu	-1.365848 **	0.465261	-2.935659	0.0033
elem	-1.143566 **	0.415086	-2.755010	0.0059
sour	-2.915464 ***	0.814256	-3.580526	0.0003
McFadden R - squared	0.662105	\multicolumn{2}{c}{Akaike info criterion}	0.615826
Schwarz criterion	0.755950	\multicolumn{2}{c}{Prob（LR statistic）}	0.000000
LR statistic	52.64832			

注：括号内数值为P值。"***"和"**"分别表示在1%水平和5%水平下显著。

结合式（3），从表3-4中可以得到二元Logistic回归估计方程如下：

$$P_{choi=1} = \frac{e^{16.851-0.146age+0.961area-1.365edu-1.144elem-2.915sour}}{1+e^{16.851-0.146age+0.961area-1.365edu-1.144elem-2.915sour}} \quad (4)$$

式（4）表示农户年龄、受教育情况、选择农药的主要因素以及收入构成对农户生物农药选择意愿产生了显著的负面影响，种植面积则对选择意愿产生了显著的正面影响。

对模型的拟合优度进行检验，在Logistic模型中，麦克法登似然比率指数（McFadden likelihood Ratio Index）用于替代线性回归中的R^2来度量模型的拟合程度。在模型（4）中，McFadden R - squared 为0.662105，与1比较接近，表明模型较好地拟合了数据，引入变量后，模型在1%水平上显著，因此可以认为影响因子与$P(Y_i)$之间线性关系显著，模型设置合理。

进一步验证模型的预测性和稳健性，随机抽取119个观测样本的50个样本进行模型的预测能力检验。模型整体预测正确率为84.49%，表明模型具有良好的预测能力。

通过回归结果可以看出，我们在上文提出的假设部分得到验证：

第一，在农户年龄方面，回归系数为-0.145898，并且伴随概率为0.0005，年龄对农户生物农药选择意愿有着显著的负向影响，与预期一致。反映了农户个体随着年龄的增长,对生物农药的选择意愿降低。调查样本显示从事农业生产活动的年龄结构呈中、老年化倾向,因而,生物农药的"逆选择"可部分归因于农业生产活动从业人员的年龄结构。

第二,在受教育情况方面,回归系数为 -1.365848,并且伴随概率为 0.0033,受教育程度对农户生物农药选择意愿有着显著的负向影响。随着受教育程度的提高,农户个体对生物农药的选择意愿降低。对此,我们可以做如下解释:一方面,受教育程度高的农户由于学习能力与接受新技术的能力较强,可能会倾向于选择生物农药,但随着受教育程度的提高,农户个体在进行决策时会更多地考虑施用生物农药的成本高于施用化学农药的成本。

第三,种植面积方面,回归系数为 0.960958,并且伴随概率为 0.0066,种植面积对农户生物农药选择意愿有着显著的正向影响,与预期一致。在种植面积较小、经营规模细碎化时,农户购买农药时不仅次数少,而且购买数量也极为有限,农户为减少工时,会倾向于选择施用技术简单、药效较快的化学农药。当农户规模化种植时,农户对产品的品质、质量标准等要求较高,会更倾向于选择施用防治期较长、安全性能较好的生物农药。

第四,收入构成方面,回归系数为 -2.915464,并且伴随概率为 0.0003,收入构成对农户生物农药选择意愿有着显著的负向影响,与预期一致。农户兼业化程度越高,收入构成中来自农业经营的比例越小,农户对选择生物农药的意愿越不强烈,会更倾向于选择施用占工时较短、见效快的化学农药。

第五,农产品安全意识方面,影响农户选择农药的基本因素的回归系数为 -1.143566,并且伴随概率为 0.0059,对农户生物农药选择意愿有着显著的负向影响。在进行问卷设置时,这一选项备选答案是根据农户在选择农药时所虑及的农产品安全情况而设置了不同的等级,等级越低赋值越高。回归结果与假设 3 一致,即农户的农产品安全意识越高,农户选择生物农药的意愿就更为强烈。反之,当农户选择农药时考虑更多的是施用技术简便或见效较快,则更倾向于选择化学农药。

第四节 小结

本部分通过对中国农产品安全生产技术进行剖析,分析按照农产品安全生产技术—农业生产投入安全技术—农药技术的不同方向的逻辑链条逐层展开，并聚焦于农药技术的两个不同技术进步方向，即化学农药与生物农药。在宏观、微观两个不同层面上解构了在两个不同农药技术进步方向上的"逆选择"现象，分析证实了本书第一部分所提出的问题是存在的，即在农产品生产过程中，"不安全的"技术更容易被经营者所选择性地接受，而"安全的"技术则与之相反。

具体到农药技术，农户的个体特征、家庭特征、对生物农药的认知以及农产品安全意识四类因子均会对农户的农药选择意愿产生影响。计量分析表明，农户的年龄、受教育程度、收入构成等因素对农户的生物农药选择意愿有显著的负面影响，而种植面积、农产品安全意识等因素则对农户的生物农药选择意愿有着较明显的正面影响。当然，本部分仅对农药技术"逆选择"现象进行了相对静态的说明和解释，并为下文的理论分析奠定了事实基础。在下一部分，本书将对农药技术"逆选择"现象进行动态解析，并引入农业技术进步方向模型对农产品生产技术市场上存在着"劣币驱逐良币"的现象进行更深层次的解读。

第四章

基于农业技术进步方向的内生增长模型

农产品安全归根结底是一个技术问题,农业技术进步是农业经济可持续增长的原动力(林毅夫,2005)。已有大量国内外文献对农业技术进步进行深入的分析并业已形成了系统性的研究成果。然而,对于农业技术进步方向,特别是不同类型农业技术进步的研究仍相当薄弱,既没有系统化的理论分析,也没有较好的可操作性的推进模式;不仅一般性的理论研究不多,而且具体化研究、实证研究也更为少见。包括农药技术在内的农业投入技术是防治重大病虫害、确保农产品生产安全的重要技术手段,它的方向性演进与扩散必将在源头上对农产品安全产生显著影响。因而,在本部分,我们将基于阿西莫格鲁的 DTC 模型,构建一个包括生产者、创新者、消费者的内生性农业技术进步方向模型,并将之应用于分析农产品安全问题。农产品安全问题可以追溯至两种不同方向的农药技术进步,将农药技术进步划分为"安全"和"不安全"的两种方向,通过构建效用与环境双重约束下农药技术进步方向的内生增长模型,刻画其均衡的结构以及动态规制以获得福利最大化,进而研究两种方向的技术进步对政策的内生反应,实现 DTC 模型在研究领域的横向拓展。

第一节 模型设定

本部分考虑一个封闭的经济体,在这个封闭的经济体中,包括作为农产品最终消费者的居民户(Households)、使用安全的或不安全的生产技术进行生产农产品的生产者(Farmer)、提供安全农业生产技术的生产部门、提供不安全农业生产技术的生产部门以及分别向这两个生产部门提供技术创新服务的技术创新者。

一 居民户效用设定

居民户的效用偏好为：

$$\sum_{t=0}^{\infty} \frac{1}{(1+\rho)^t} U(C_t, S_t) \tag{1}$$

式中，C_t 为居民户在 t 时消费的唯一最终农产品，S_t 表示在 t 时农产品的安全情况，且有 $S_t \in [0, \bar{S}]$，0 表示农产品生产的安全情况最为严重，$\bar{S}$ 表示农产品未受污染，是安全的。

该效用函数满足稻田条件（Inada Condition）以满足经济的收敛性，即

$$\lim_{C \to 0} \frac{\partial U(C, S)}{\partial C} = \infty$$

$$\lim_{S \to \bar{S}} \frac{\partial U(C, S)}{\partial S} = \infty \text{ 和}$$

$$\lim_{S \to 0} U(C, S) = -\infty \tag{2}$$

（2）式中，后两个公式分别表示当农产品安全情况为其上限 $\bar{S}$ 时，居民户作为农产品的最终消费者获得效用最大化，而当农产品安全情况为下限 0 时，则有着严重的效用后果，即有较严重的农产品安全问题的产生。此外，还假设：

$$\lim_{S \to \bar{S}} \frac{\partial U(C, S)}{\partial S} \equiv \frac{\partial U(C, \bar{S})}{\partial S} = 0 \tag{3}$$

（3）式表明，当 $S \to \bar{S}$ 时，农产品安全性的提升所带来的效用增量很少，这一假设用于下文中简化农产品安全最优政策的特征。

二 生产者行为设定

同样，对生产者行为进行设定，假设农产品生产者生产最终农产品 Y 时，只使用"安全"①和"不安全"的两种生产技术，则总生产函数为

$$Y_t = (Y_{st}^{\frac{\varepsilon-1}{\varepsilon}} + Y_{ut}^{\frac{\varepsilon-1}{\varepsilon}})^{\frac{\varepsilon}{\varepsilon-1}} \tag{4}$$

式中，$\varepsilon \in (0, 1)$，表示安全的生产技术与不安全生产技术的替代弹

---

① 所谓"安全"的生产技术，是指包括产地环境的调控技术、生产投入的无公害技术、先进的耕作技术以及先进的检测技术等在农产品生产中的运用，生产过程遵循安全生产标准，无农药残留、无环境污染。"不安全"的技术与之相反。

性。当 $\varepsilon<1$ 时，表示两种技术互补；当 $\varepsilon>1$ 时，表示两种技术相互替代①。阿西莫格鲁认为在现实中 $\varepsilon>1$ 甚至远大于 1，所以，在他运用 DTC 模型对两种技术进步过程进行分析时，侧重分析了两种技术相互替代的情形，并由此得出了一系列的重要结论。

然而，具体到农产品安全生产环节，尤其在后文第六章基于中国农产品生产的实证经验的分析中，我们侧重考虑生物农药与化学农药两种生产技术在农产品生产中的选择与扩散过程。国内外大量研究表明，生物农药与化学农药并非相互替代关系，更多的是互补关系（上田富雄，1993；赵善欢，2000；Ishaaya I，Horowitz A R.，2009；巨修炼，2011；徐汉虹，2013）。现实中的大量观察也表明，我国不少农药生产厂家在生产中会在植物性农药单剂里加入化学农药以提高速效性②。因而，在本章节，我们将侧重讨论 $\varepsilon<1$ 的情况下 DTC 模型的变化，这也是本书与阿西莫格鲁系列研究中明显的不同之处。

将提供"安全的"生产技术的部门看作"安全"的生产部门，而将提供"不安全的"生产技术的部门看作"不安全"的生产部门，这两个部门均运用同质无差异的劳动 L 和各部门特有的生产机器，即中间产品 x，生产 Y_{st}，Y_{ut} 两种产品，其各自的生产函数为

$$Y_{st} = L_{st}^{1-\alpha} \int_0^1 A_{sit}^{1-\alpha} x_{sit}^{\alpha} di$$

$$Y_{ut} = L_{ut}^{1-\alpha} \int_0^1 A_{uit}^{1-\alpha} x_{uit}^{\alpha} di \tag{5}$$

式中，$\alpha \in (0,1)$，A_{jit} 为 t 时在部门 $j \in \{s,u\}$ 使用的 i 类型机器的质量，x_{jit} 为此机器的数量。

---

① 柯布—道格拉斯函数中 $\varepsilon=1$ 的情况忽略不计。
② 这种做法虽然很受农民欢迎，却违反了我国农药管理的相关规定。根据《农药管理条例》（农业部令第 20 号发布）的规定，对植物性农药与化学农药复配不予登记。然而，有不少学者认为植物性农药与化学农药的混配，能补充二者的不足，既能起到增效作用，减少化学农药在实际生产中的使用量，同时也弥补了植物性农药缓效、使用成本较高的缺点。农药界也有不少科研工作者进行这方面的尝试，如绿僵菌与化学农药复配防治草原蝗虫和东亚飞蝗，白僵菌与化学农药复配防治蚜虫、鳞翅目害虫等，并在试验阶段推广应用。详见"农资导报""中国农药网"等大量报道。

三 创新行为的设定

进一步假设:

$$A_{jt} = \int_0^1 A_{jit} di \qquad (6)$$

式 (6) 为部门 $j \in \{s,u\}$ 的生产率,代表了两部门的创新水平,即意味着 A_s 与"安全"生产技术有关,而 A_u 与"不安全"生产技术有关。

将式 (5) 代入式 (4),得到扩展后的总生产函数:

$$Y_t = \left(\left(L_{st}^{1-\alpha} \int_0^1 A_{sit}^{1-\alpha} x_{sit}^{\alpha} di \right)^{\frac{\varepsilon-1}{\varepsilon}} + \left(L_{ut}^{1-\alpha} \int_0^1 A_{uit}^{1-\alpha} x_{uit}^{\alpha} di \right)^{\frac{\varepsilon-1}{\varepsilon}} \right)^{\frac{\varepsilon}{\varepsilon-1}} \qquad (7)$$

在市场出清条件下,要求劳动需求小于劳动总供给,即

$$L_{st} + L_{ut} \leq 1 \qquad (8)$$

为与现有内生性技术变迁文献保持一致,本书同样假设由垄断竞争企业为两个部门提供机器,在不考虑机器的质量,也不考虑机器是为哪一个部门设计的情况下,生产一单位机器耗费 ψ 单位的最终产品,设 $\psi = \alpha^2$。

创新可能性边界 (innovation probability frontiers) 可以作如下界定:在每一时期开始,每一位技术创新者可以自行决定其创新是偏向于"安全的"还是"不安全的"技术,创新成功的概率为 $\eta_j \in (0,1), j \in \{s,u\}$,创新提高了机器的质量,要素扩张为 $1 + \gamma(\gamma > 0)$,A_{jit} 变成 $(1 + \gamma) A_{jit}$。[①] 一个成功的技术创新者在部门 $j \in \{s,u\}$ 发明了一种更好的机器 i,获得一期专利并于当期变身为企业家。而在一个创新不成功的部门,垄断权随机配置给一家企业,这家企业仍使用旧机器。

此外,创新可能性边界还有一个重要的前提条件,即创新者只能把创新活动锁定在同一部门 $j \in \{s,u\}$,以确保创新者被配置在同一部门不同机器的研发活动中,这意味着创新在现有机器质量水平上进行,即创新活动具有累积效应,是"站在巨人肩膀上"(building on the shoulders of giants)。假定创新者 i 为 1,则 t 时在部门 $j \in \{s,u\}$ 中进行创新活动的创新者分别为 i_{st}, i_{ut},市场出清条件下,满足:

$$i_{st} + i_{ut} \leq 1 \qquad (9)$$

[①] 在此处,本书采取与阿西莫格鲁 (2009) 相同的假设,即设任何技术进步均为要素扩张型的技术进步。

农产品安全质量则用下式表达：

$$S_{t+1} = -\mu Y_{ut} + (1+\delta)S_t \tag{10}$$

在上式中，两侧区间均为 $[0, \bar{S}]$，μ 表示由于不安全的生产技术带来的农产品安全情况的恶化情况，即恶化率，而 δ 则表示与之相反的农产品安全状况的改善情况，即优化率。在此式中，如 $S_t = 0$，则 $S_{t+1} = 0$。

第二节　自由放任条件下的均衡

本部分将刻画自由放任状态下的均衡结果，即不考虑任何政策干预的作用。本节将先分析产量和劳动的均衡解，然后再分析方向性的农业技术进步（Agriculture Directed Technological Change，ADTC）。

一　变量设定

在求解自由放任状态下的均衡时，模型涉及以下变量：

工资 w_t，要素①价格 $p_{jt}, j \in (s, u)$，机器价格 p_{jit}，机器需求量 x_{jit}，要素需求量 Y_{jt}，劳动力的需求量 L_{jt}，创新者配置为 (i_{st}, i_{ut})，最终农产品质量为 S_t。

在 t 时，有：

(1) (p_{jit}, x_{jit}) 决定了 j 部门机器 i 生产者的最大化利润；

(2) L_{jt} 决定了要素 j 生产者的最大化利润；

(3) Y_{jt} 决定了最终产品生产者的最大化利润；

(4) (i_{st}, i_{ut}) 决定了创新者 t 时的最大化期望利润；

(5) 工资价格 w_t 和要素价格 p_{jt} 分别决定了劳动力市场和要素市场的市场出清；

(6) 农产品质量的进化 S_t 由公式 (10) 决定。

为简化分析，设 $\varphi \equiv (1-\alpha)(1-\varepsilon)$ 以及以下假设：

H1：$A_{s0} = A_{u0}$，即"安全"生产部门与"不安全"生产部门的初始技术水平相当。在自由放任状态以及 $\varepsilon < 1$ 的条件下，创新会随机在两个部

---

① 指劳动以外的其他生产要素，下文同。

门发生①。

二 给定技术水平的创新均衡

先考虑 t 时给定技术水平条件下 A_{jit} 的均衡②。两种最终产品的相对价格满足以下条件：

$$\frac{p_s}{p_u} = \left(\frac{Y_s}{Y_u}\right)^{-\frac{1}{\varepsilon}} \quad (11)$$

从式中可以看出，安全农产品相对价格随其相对供给量而递减。两种产品的相对价格弹性与两种要素投入的替代弹性 ε 成相反态势，如最终产品价格为1，则有

$$\left[p_s^{1-\varepsilon} + p_u^{1-\varepsilon}\right]^{\frac{1}{1-\varepsilon}} = 1 \quad (12)$$

机器 i 生产者的利润最大化问题可表示为

$$\max_{x_{ji}, L_j} \left\{ p_j L_j^{1-\alpha} \int_0^1 A_{ji}^{1-\alpha} x_{ji}^\alpha di - wL_j - \int_0^1 p_{ji} x_{ji} di \right\} \quad (13)$$

机器 i 的反需求函数为

$$x_{ij} = \left(\frac{\alpha p_j}{p_{ji}}\right)^{\frac{1}{1-\alpha}} A_{ji} L_{ji} \quad (14)$$

从式中可以看出，对机器 x_{ij} 的需求与要素价格 p_j、劳动力数量 L_j 以及机器质量（技术水平）A_{ji} 成正比，与机器本身价格 p_{ji} 成反比。

在 j 部门，运用劳动力生产中间产品机器的垄断生产者的利润为

$$\pi_{ji} = (p_{ji} - \Psi) x_{ji} \quad (15)$$

利润最大化时，有 $p_{ji} = \frac{\Psi}{\alpha} = \frac{\alpha^2}{\alpha} = \alpha$，将其代入公式（14），得

$$x_{ji} = p_j^{\frac{1}{1-\alpha}} A_{ji} L_{ji} \quad (16)$$

则有

$$\pi_{ji} = \alpha(1-\alpha) p_j^{\frac{1}{1-\alpha}} L_{ji} A_{ji} \quad (17)$$

---

① 阿西莫格鲁（2009）假设 $\frac{A_{s0}}{A_{u0}} < \min\left((1+\gamma\eta_s)^{-\frac{\varphi+1}{\varphi}}\left(\frac{\eta_s}{\eta_u}\right)^{\frac{1}{\varphi}}, (1+\gamma\eta_u)^{\frac{\varphi+1}{\varphi}}\left(\frac{\eta_s}{\eta_u}\right)^{\frac{1}{\varphi}}\right)$，这一假设设定"安全"部门与"不安全"生产部门充分后向相关，因而，在自由放任状态以及 $\varepsilon < 1$ 的条件下，创新率先在"不安全"生产部门启动。

② 为简便起见，下文中将 t 省略。

结合式（16）对劳动求一阶导数，得

$$w = (1-\alpha)p_j L_j^{-\alpha}\int_0^1 A_{ji}^{1-\alpha}x_{ji}^{\alpha}di \tag{18}$$

运用式（12）可以得出安全部门投入的生产要素与不安全部门投入的生产要素价格之比为

$$\frac{p_s}{p_u} = \left(\frac{A_s}{A_u}\right)^{-(1-\alpha)} \tag{19}$$

三 两个部门生产率动态变化

接下来，通过将生产率的增长与安全生产和不安全生产两个部门的研发创新活动联系起来以使生产率内生化（为清晰起见，不再省略下标 t）。在第一节中我们曾提及，设定创新活动为要素扩张型创新，这意味着如创新者创新成功，新机器的生产效率为上一期 A_{jt-1} 的 $(1+\gamma)$ 倍。有大批创新者 i_{jt} 的研究活动定向于部门 j，则平均生产率

$$A_{jt} = (1+\gamma\eta i_{jt})A_{jt-1} \tag{20}$$

为刻画两部门平均生产率的动态变化，须分析两个部门各自的盈利情况，这将决定由创新者主导的技术进步方向，之前已设定创新者成功的概率为 η，则 j 部门创新者 i 创新活动的期望收益为

$$\begin{aligned}\prod\nolimits_{jt} &= \eta_j\int_0^1 \alpha(1-\alpha)p_{jt}^{\frac{1}{1-\alpha}}L_{jt}(1+\gamma)A_{jt-1}di \\ &= \eta_j(1+\gamma)(1-\alpha)\alpha p_{jt}^{\frac{1}{1-\alpha}}L_{jt}A_{jt-1}\end{aligned} \tag{21}$$

由此可推及两部门创新活动的期望收益相对比率为

$$\frac{\prod_{st}}{\prod_{ut}} = \frac{\eta_s}{\eta_u} \times \left(\frac{p_{st}}{p_{ut}}\right)^{\frac{1}{1-\alpha}} \times \frac{L_{st}}{L_{ut}} \times \frac{A_{st-1}}{A_{ut-1}} \tag{22}$$

在上式中，两部门创新的期望收益相对比率越高，说明创新活动就越偏向于安全生产部门；两部门创新的期望收益相对比率越低，则说明创新活动就越偏向于不安全生产部门。从公式中可以清楚地看到，假定两部门创新成功的概率相同，两部门创新的期望收益相对比率受三种因素的影响：

（1）技术进步效应，即 $\frac{A_{st-1}}{A_{ut-1}}$，取决于两部门的技术进步的相对水平 $\frac{A_{st}}{A_{ut}}$，这一效应会提高某一生产部门的生产效率；

（2）价格效应，即 $\left(\dfrac{p_{st}}{p_{ut}}\right)^{\frac{1}{1-\alpha}}$，价格效应会鼓励创新偏向于发生在价格更高的生产部门；

（3）市场规模效应 $\dfrac{L_{st}}{L_{ut}}$，鼓励技术创新偏向于发生在雇用劳动力人数更多的生产部门，劳动力人数的多少决定了这一生产部门的市场规模。

结论1：创新方向取决于两个生产部门创新活动的相对期望收益。因而，技术进步效应、价格效应和市场规模效应三种效应决定了创新资源的技术进步方向。

三种效应孰大孰小，决定了技术进步的方向，即创新活动是偏向安全部门还是偏向不安全的生产部门。在下一小节里，我们将讨论这三种效应对技术进步方向的影响①。

四 农业技术进步方向的决定

此部分将假设价格效应 $\left(\dfrac{p_{st}}{p_{ut}}\right)^{\frac{1}{1-\alpha}}$ 不变，集中讨论技术进步效应 $\dfrac{A_{st-1}}{A_{ut-1}}$ 和市场规模效应 $\dfrac{L_{st}}{L_{ut}}$ 对农业技术进步方向的决定性作用。

（1）假设技术进步效应 $\dfrac{A_{st-1}}{A_{ut-1}}$ 不变，只讨论市场规模效应 $\dfrac{L_{st}}{L_{ut}}$ 的作用。联立式（5）和式（16），则 j 的均衡产量为

$$Y_{jt} = p_{jt}^{\frac{\alpha}{1-\alpha}} A_{jt} L_{jt} \tag{23}$$

联立式（11）和式（23），并结合 $\varphi \equiv (1-\alpha)(1-\varepsilon)$ 的设定，得到市场规模效应 $\dfrac{L_{st}}{L_{ut}}$ 和相对生产率 $\left(\dfrac{A_{st}}{A_{ut}}\right)$ 之间的关系式如下

$$\dfrac{L_{st}}{L_{ut}} = \left(\dfrac{p_{st}}{p_{ut}}\right)^{-\frac{\varphi-1}{1-\alpha}} \cdot \dfrac{A_{ut}}{A_{st}} = \left(\dfrac{A_{st}}{A_{ut}}\right)^{-\varphi} \tag{24}$$

所以，从上式可以看出，当 $\varepsilon < 1$ 时，$\varphi > 0$，市场规模效应 $\dfrac{L_{st}}{L_{ut}}$ 和本

---

① 阿西莫格鲁（2009）只讨论了市场规模效应对技术进步方向的影响，在他的分析中，假定其他两种效应均保持不变。

期相对生产率 $\left(\dfrac{A_{st}}{A_{ut}}\right)$ 成反比，本期相对生产率越高，市场规模效应就越不明显，会使创新偏向于更不安全的部门；反之，如本期相对生产率越低，则市场规模效应就越明显，创新会偏向于更安全的部门。

（2）假设市场规模效应 $\dfrac{L_{st}}{L_{ut}}$ 不变，只讨论技术进步效应 $\dfrac{A_{st-1}}{A_{ut-1}}$ 的作用。联立式（19）、式（22）和式（24），得到

$$\frac{\Pi_{st}}{\Pi_{ut}} = \frac{\eta_s}{\eta_u} \cdot \left(\frac{1+\gamma\eta_s i_{st}}{1+\gamma\eta_u i_{ut}}\right)^{-\varphi-1} \cdot \left(\frac{A_{st-1}}{A_{ut-1}}\right)^{-\varphi} \qquad (25)$$

从中可得到如下推论：

推论1：在自由放任状态下，t 时安全生产部门创新只发生在 $\eta_s A_{st-1}^{-\varphi} < \eta_u(1+\gamma\eta_s)^{\varphi+1} A_{ut-1}^{-\varphi}$ 的条件下，$\eta_s(1+\gamma\eta_u)^{\varphi+1} A_{st-1}^{-\varphi} < \eta_u A_{ut-1}^{-\varphi}$ 时创新发生在不安全的生产部门，只有在 $\eta_s(1+\gamma\eta_u i_{ut})^{\varphi+1} A_{st-1}^{-\varphi} = \eta_u(1+\gamma\eta_s i_{st})^{\varphi+1} A_{ut-1}^{-\varphi}$ 时，创新在两个部门才会同时发生。

值得一提的是，当 $\varepsilon > 1$ 时，创新会偏向于安全生产部门，此时，$\varphi \equiv (1-\alpha)(1-\varepsilon) < 0$，三种影响技术进步方向的效应中，技术进步效应和市场规模效应大于价格效应；反之，当 $\varepsilon < 1$ 时，创新偏向于不安全的生产部门，由于 $\varphi > 0$，因而技术进步效应小于价格效应和市场规模效应。

五　自由放任状态下的均衡解

在自由放任状态下，两种要素投入的产出 $Y_{jt}, j \in (s,u)$ 和最终产品 Y 可用变量 A 表示如下

$$\begin{aligned} Y_{st} &= (A_{st}^{\varphi} + A_{ut}^{\varphi})^{-\frac{\alpha+\varphi}{\varphi}} A_{st} A_{ut}^{\alpha+\varphi}, \\ Y_{ut} &= (A_{st}^{\varphi} + A_{ut}^{\varphi})^{-\frac{\alpha+\varphi}{\varphi}} A_{st}^{\alpha+\varphi} A_{ut}, \\ Y &= (A_{st}^{\varphi} + A_{ut}^{\varphi})^{-\frac{1}{\varphi}} A_{st} A_{ut} \end{aligned} \qquad (26)$$

从式（25）中，可以求解创新资源在两部门的均衡配置。令

$$\pi(i_t) = \frac{\Pi_{st}}{\Pi_{ut}} = \frac{\eta_s}{\eta_u} \cdot \left(\frac{1+\gamma\eta_s i_{st}}{1+\gamma\eta_u i_{ut}}\right)^{-\varphi-1} \cdot \left(\frac{A_{st-1}}{A_{ut-1}}\right)^{-\varphi} \qquad (27)$$

且令 $i_{st} = \theta i_t, \theta \in [0,1]$，则有，$i_{ut} = (1-\theta)i_t$，代入式（27），得：

$$\pi(i_t) = \frac{\prod_{st}}{\prod_{ut}} = \frac{\eta_s}{\eta_u} \cdot \left(\frac{1+\gamma\eta_s\theta i_t}{1+\gamma\eta_u(1-\theta)i_t}\right)^{-\varphi-1} \cdot \left(\frac{A_{st-1}}{A_{ut-1}}\right)^{-\varphi} \quad (28)$$

$\pi(i_t)$ 有三个区间：

$$\begin{cases} \pi(i_t) > 1, \theta = 1, i_{st} = i_t \\ \pi(i_t) < 1, \theta = 0, i_{ut} = i_t \\ \pi(i_t) = 1, \theta \in (0,1) \end{cases} \quad (29)$$

在式 (29) 中，要考虑 $(-\varphi-1)$ 的情况：

(1) 如果 $(-\varphi-1) < 0$，则 $\pi(i_t)$ 与 i_t 呈负相关关系，此时，$\varepsilon > 1 + \frac{1}{1-\alpha}$，两种生产要素相互替代，不是本书考虑的情况，予以排除；

(2) 如果 $(-\varphi-1) = 0$，则 $\pi(i_t) = 1$，此时，如 $\alpha \neq 1$ 时，$\varepsilon = 1$，也不是本书考虑的情况，同样予以排除；

(3) 如果 $(-\varphi-1) > 0$，则 $\pi(i_t)$ 与 i_t 呈正相关关系，此时，$\varepsilon < 1 - \frac{1}{1-\alpha}$，两种生产要素互补，设 θ 为安全生产部门创新人员所占比例，则 $1-\theta$ 为不安全生产部门创新人员所占比例。此时，创新资源在两个部门的均衡解为

$$\begin{cases} i_t = i_{st}, \pi(i_t) > 1, \theta = 1 \\ i_t = i_{ut}, \pi(i_t) < 1, \theta = 0 \\ i_t = i_t^*, \pi(i_t) = 1, \theta \in (0,1) \end{cases} \quad (30)$$

此外，利用式 (26) 和结论 1，还可以推出以下推论：

推论 2：如假设 1 成立，则在自由放任状态下有唯一的均衡，可表述如下：

如 $\varepsilon > 1$，则创新总是发生在安全的生产部门，而且其产量的长期增长率为 $\gamma\eta_u$。

如 $\varepsilon < 1$，创新则先发生在不安全的生产部门，继而同时发生在两个部门，投入安全生产部门的创新者份额收敛至 $i_s = \frac{\eta_u}{(\eta_s + \eta_u)}$，此时，不安全的生产部门产量的长期增长率为 $\gamma\tilde{\eta}, \tilde{\eta} = \frac{\eta_s\eta_u}{(\eta_s + \eta_u)}$。

推论 2 与推论 1 直接相关。当两种要素投入相互替代，即 $\varepsilon > 1$，创新在安全的生产部门率先发生，但随后并未在不安全的部门发生，这就进一

步扩大了两个部门的创新水平差距。在此情况下，只有 A_s 以 $\gamma\eta_s$ 的速度增长，A_u 不变；此外，由于 $\varphi < 0$，长期中 Y_s 也以 $\gamma\eta_s$ 的速度增长。

反之，当两种要素投入互补，即 $\varepsilon < 1$，价格效应占主导地位，创新首先发生在不安全的生产部门，然后发生在安全的生产部门，并缩小了两部门的创新水平差距，最终创新在两个部门均有发生，配置在安全生产部门的创新者收敛至 $i_s = \dfrac{\eta_u}{(\eta_s + \eta_u)}$，并保证两个部门以相同的比率增长，且两个部门的平均质量水平 A_s, A_u, Y_u 的增长速度渐近趋于 $\gamma\tilde{\eta}$。

结论2：当两种要素投入互补，即 $\varepsilon < 1$，价格效应占主导地位，创新首先发生在不安全的生产部门，并缩小了两部门的创新水平差距，最终创新在两个部门均有发生。

第三节　方向性的技术进步与农产品安全问题

正如一些环境科学家关注环境可能恶化至无法挽回一样，本书认为，农产品安全问题也可能恶化至难以挽回的地步。在式（10）即 $S_{t+1} = -\theta Y_{ut} + (1+\delta)S_t$ 中，右侧 S_t 一旦为0，则永远为0。因此，本书将这种情况界定为农产品安全问题的灾难性结果[①]，在此情况下，消费者的效用函数 $U(C,0) = -\infty$。在上一节，我们论证了在 $\varepsilon < 1$ 时，创新会首先发生于不安全的生产部门。在这一部分，本书将提出一个调整技术进步方向的简单政策思路，可能会避免出现农产品安全问题的灾难性后果，并通过与一个特例（创新者不能改变创新方向）的结果进行比较，用以说明技术进步方向的重要性。则有：

假设2：技术进步方向对农产品生产安全问题至关重要。

假设3：如假设1成立，则自由放任状态下，农产品安全灾难性的后果难以避免。

在这里有一点要说明的是，从式（22）可以看出，在替代条件下 Y_u 的长期增长率 $\gamma\eta_u$ 比互补条件下的增长率 $\gamma\tilde{\eta}$ 高，在后者中，由于创新资源可以在两个部门间流动，因而，给定初始创新水平 A_{s0}, A_{u0}，互补条件下的 Y_u 总是低于替代条件下的 Y_u，这意味着在互补条件下灾难性后果会

[①] 即"食品安全灾难"。

比替代条件来得慢。而假设3意味着为了避免可能出现的灾难性后果,在互补条件下对农产品生产进行干预不仅是有必要的,而且政策的后果会比替代条件下更为乐观。

假设农产品安全政策制定者为"社会计划者"(Social planer),其行为选择集是代表所有消费者根据效用最大化原则对农产品安全生产进行约束,以提高农产品安全水平,实现社会福利最大化。本部分将集中讨论社会计划者(政府)如何运用税收和津贴的方法实现创新资源的最优配置,最优政策将着力避免以下两种外部性问题:其一是由于不安全生产部门所产生的社会福利水平下降的外部性;其二是创新产生的知识溢出的外部性。

我们假设社会计划者通过税收或津贴等政策。主要结论是必须对不安全生产部门的创新活动使用税收,对安全生产部门的创新活动使用津贴,前者用以扼制不安全生产部门对农产品安全产生的负外部性,后者用于影响或引导安全生产部门未来的技术进步方向。

假设2意味着可以通过调整技术进步方向使创新资源在安全的生产部门和不安全的生产部门进行重新配置。本部分将考虑在技术进步方向可调整的情况下,创新资源的重新配置会带来怎样不同的后果。

一 通过津贴调整技术进步方向

假设政府提供一项导向性津贴以鼓励创新者偏向在安全的生产部门进行技术创新,在不安全生产部门的创新者则无法获得此项津贴。设利润津贴率为 q_{st},在安全生产部门进行研发或创新活动的期望收益由式(21)变为

$$\prod{}'_{st} = (1+q_t)(\eta_s(1+\gamma)(1-\alpha)\alpha p_{st}^{\frac{1}{1-\alpha}}L_{st}A_{st-1}) \tag{31}$$

而不安全生产部门研发的期望收益仍为式(21):

$$\prod{}_{ut} = \eta_u(1+\gamma)(1-\alpha)\alpha p_{ut}^{\frac{1}{1-\alpha}}L_{ut}A_{ut-1},\text{则式(28)变为}$$

$$\pi(i_t)' = \frac{\prod{}'_{st}}{\prod{}_{ut}} = (1+q_{st}) \cdot \frac{\eta_s}{\eta_u} \cdot \left(\frac{1+\gamma\eta_s\theta i_t}{1+\gamma\eta_u(1-\theta)i_t}\right)^{-\varphi-1} \cdot \left(\frac{A_{st-1}}{A_{ut-1}}\right)^{-\varphi}$$

$$\tag{32}$$

可以看到,假如津贴率在足够高并满足以下条件时:

$$q_{st} > \left(\frac{\eta_{st}}{\eta_{ut}}\right)^{-1} \cdot \left(\frac{A_{st}}{A_{ut}}\right)^{(-\varphi-1)} \cdot \left(\frac{A_{st-1}}{A_{ut-1}}\right)^{-\varphi} - 1, \varepsilon < 1 - \frac{1}{1-\alpha} \quad (33)$$

$\pi(i_t)' > 1, \theta = 1, i_{st} = i_t$。创新资源全部转向至安全生产部门。可以看到，津贴的影响一定程度取决于两种要素投入的互补程度 ε，当满足 $\varepsilon < 1 - \frac{1}{1-\alpha}$ 时①，一个足够长时间的短期津贴会使原本只发生在不安全生产部门的创新活动转向至安全生产部门。更值得一提的是，由于津贴使 A_{st}/A_{ut} 不断上升，当其 A_{st}/A_{ut} 上升到足够高时，即使不再发放津贴，创新者们转向安全部门进行研发也同样有利可图，创新转向使安全生产部门的机器质量上升，由于市场规模效应，工人更多地配置在安全生产部门。

结论3：当两部门的投入互补时，短期津贴会使技术进步转向，阻止农产品安全灾难性后果的发生，这充分显示了技术进步方向的重要性。

二　通过税收调整技术进步方向

假设政府向不安全生产部门的创新者征收一项"农产品安全税"，以增加创新者偏向在不安全生产部门进行技术创新的成本，在安全生产部门的创新者则无须承担此项税赋。设税率为 t_{ut}，则在不安全生产部门进行研发或创新活动的期望收益由式（21）变为

$$\prod{}'_{ut} = (1-t_t)(\eta_{ut}(1+\gamma)(1-\alpha)\alpha p_{ut}^{\frac{1}{1-\alpha}}L_{ut}A_{ut-1}) \quad (34)$$

而安全生产部门研发的期望收益仍为式（21）：

$\prod_{st} = \eta_s(1+\gamma)(1-\alpha)\alpha p_{st}^{\frac{1}{1-\alpha}}L_{st}A_{st-1}$，则式（28）变为

$$\pi(i_t)' = \frac{\prod_{st}}{\prod{}'_{ut}} = (1-t_{ut}) \cdot \frac{\eta_s}{\eta_u} \cdot \left(\frac{1+\gamma\eta_s\theta i_t}{1+\gamma\eta_u(1-\theta)i_t}\right)^{-\varphi-1} \cdot \left(\frac{A_{st-1}}{A_{ut-1}}\right)^{-\varphi} \quad (35)$$

可以看到，假如税率足够高并满足以下条件时：

$$t_t > \left(\frac{\eta_{st}}{\eta_{ut}}\right)^{-1} \cdot \left(\frac{A_{st}}{A_{ut}}\right)^{(-\varphi-1)} \cdot \left(\frac{A_{st-1}}{A_{ut-1}}\right)^{-\varphi} - 1, \varepsilon < 1 - \frac{1}{1-\alpha} \quad (36)$$

$\pi(i_t)' > 1, \theta = 1, i_{st} = i_t$。创新资源也同样会全部转向至安全生产部门。可以看到，税收的影响一定程度取决于两种要素投入的互补程度 ε，

---

① 本部分不再讨论强替代 $\varepsilon \geq \frac{1}{1-\alpha}$ 和弱替代 $\varepsilon \in (\frac{1}{1-\alpha})$ 两种情况。

当满足 $\varepsilon < 1 - \frac{1}{1-\alpha}$ 时①，一个足够高的税率会使原本只发生在不安全生产部门的创新活动转向至安全生产部门。值得一提的是，与短期津贴不同，税收在引导技术进步方向的作用应该是长期的。

结论4：当两部门的投入互补时，税收同样会使技术进步转向，阻止农产品安全灾难性后果的发生，这也充分显示了技术进步方向的重要性。

三 技术进步方向不可调整问题

值得说明的是，本部分的分析结果都是在技术进步方向可调整的前提下讨论的。所以，如果假设没有技术进步转向的情景，或假设由于创新资源存在路径依赖，即在上述模型中所有的创新者被随机分布在两个部门后，无法进行创新资源的重置或转向，与第二节相比，会带来什么不同的后果呢？

为简化起见，假设两个部门机器质量均以相同的增长率 $\gamma\bar{\eta}$ 增长，且两种投入为互补，由于价格效应，创新 A_u 的速度更快，Y_u 增长率更快（这一假设将在下一章实证部分加以证明）。这说明，在自由放任状态下，没有技术进步转向会使灾难更早发生，而且，没有技术进步转向，短期津贴也无法发挥作用，这也进一步验证了假设2。

第四节 小结

在本章，我们基于阿西莫格鲁的 DTC 模型，构建一个包括生产者、创新者、消费者的内生性农业技术进步方向模型，将之应用于分析农产品安全问题。在分析过程中，我们将生产部门划分为安全的生产部门和不安全的生产部门，并侧重考虑了这两个部门的投入要素互补的情况，通过对模型自由放任条件下均衡的刻画以及分析政策介入后创新资源在两个生产部门的重新配置情况，我们发现：

(1) 技术进步方向对农产品生产安全问题至关重要；
(2) 自由放任状态下，农产品安全灾难性的后果难以避免；

---

① 本部分不再讨论强替代 $F(A_t, K_t, L_t) = A_t F(K_t, L_t)$ 和弱替代 $\varepsilon\epsilon(\frac{1}{1-\alpha})$ 两种情况。

（3）创新方向取决于两个生产部门创新活动的相对期望收益。因而，技术进步效应、价格效应和市场规模效应三种效应决定了创新资源的技术进步方向；

（4）当两种要素投入互补，即 $\varepsilon<1$，价格效应占主导地位，创新首先发生在不安全的生产部门，并缩小了两部门的创新水平差距，最终创新在两个部门均有发生；

（5）如果技术进步方向无法调整，不安全的生产部门创新速度会快于安全生产部门，从而导致农产品安全灾难性的后果；

（6）当两部门的投入互补时，短期津贴会使技术进步转向，阻止农产品安全灾难性后果的发生，这充分显示了技术进步方向的重要性；

（7）当两部门的投入互补时，税收同样会使技术进步转向，阻止农产品安全灾难性后果的发生，这也充分显示了技术进步方向的重要性。

此外，研究表明，作为社会政策制定者的社会计划者可以通过各种政策手段引导农业技术进步方向，从而在实现社会福利最大化的前提下实现农业创新资源的优化配置。

第五章

实证检验：中国农药技术的进步方向

第四章在 DTC 模型基础上构建了基于农业技术进步方向的内生增长模型，提出诸种假设并进行了理论上的验证：技术进步方向对于农产品安全生产至关重要；规制的缺失可能会导致农产品生产的安全危机；不安全技术的扩散速度快于安全技术。本章将以农药技术为例，对中国农产品安全生产中的两种互补/替代的生产技术——生物农药与化学农药的技术扩散与技术选择过程进行实证分析，进一步检验第四章所提出的模型与假设。

第一节 中国农产品安全生产中的两种农药技术

在阿西莫格鲁的 DTC 模型中，将生产技术划分为"清洁"（clean）的生产技术与"肮脏"（dirty）的生产技术，两种技术互相替代且在生产要素配置与市场占领方面相互竞争，用以研究全球性环境恶化问题。上一章通过对 DTC 模型的修正，将两种技术界定为"安全"的生产技术和"不安全"的生产技术。所谓"安全"的生产技术，是指包括产地环境的调控技术、生产投入的无公害技术、先进的耕作技术以及先进的检测技术等在农产品生产中的运用，生产过程遵循安全生产标准，无农药残留、无环境污染。"不安全"的生产技术则与之相反。

一 农药

近年来，随着全球气候变暖、农作物耕作系统改变及外来生物入侵，导致农作物有害生物爆发和为害加剧。尽管中国 1975 年开始实施有害生物综合治理（IPM），40 多年来建立了不同生态地区的 IPM 技术体系，取得了较好的防效和增产效益，但农药仍然是防治有害生物的主要措施。在过去、现在以及今后相当长的时期里农药都在农产品生产过程中扮演不可或缺的重要角色。

现代农药就其来源可分为生物农药和化学农药，两种类型的农药在农产品生产中均有大范围的应用并对农产品的安全生产有着不同程度的影响。尤其在我国农产品生产过程中，化学农药的长期过量不规范施用问题仍然十分严重，由此引起的农药残留超标现象已成为目前中国农产品安全的首要问题，同时也带来了严重的环境问题。所以，选择农药为例并分别剖析生物农药和化学农药的技术扩散和技术选择过程，对于中国农产品生产技术而言是有代表性和强烈现实意义的。

二 化学农药

化学农药的本质是人为制造的具有明确结构的活性化合物（巨修练，2011）。到目前为止，已有上千种化学农药实现了商品化，这些商品化的化学农药以人工合成的有机化合物为主，主要有有机磷、氨基甲酸酯、有机氮、脲类、酰胺及有机杂环类，其功能主要有杀虫、杀菌、除草、杀鼠、植物生长调节等。

根据化学农药的发展史，可将其分为传统的化学农药和近年来上市的绿色化学农药。化学农药的优点是防治及时、效果突出、使用方便、使用成本低。但缺点也非常明显，主要是靶标选择性差、毒性高、对环境影响大、容易诱导昆虫对其产生抗性，而且，由于使用者的不合理施用行为也对环境及农产品的安全性造成了不良影响。因而，人们对化学农药提出了更加严格的要求，对研发环境友好、安全性能更高的化学农药呼声日益高涨。

三 生物农药

与化学农药不同，迄今为止，国内外对于生物农药尚没有一个明确而清晰的界定。联合国粮农组织（FAO）将生物农药划分为生物化学农药（Biochemical Pesticide）和微生物农药（Microbial Pesticide）两种类型，其中，生物化学农药包括信息素（Semi‐chemical）、激素（Hormones）、植物生长调节剂以及昆虫生长调节剂；微生物农药包括扬真菌、细菌、病毒和原生动物等微生物；美国环保局（EPA）则规定生物农药包括生物化学农药、微生物农药、转基因植物农药。英国作物保护委员会（The British

Protection Council，BPC）根据药物来源的不同，将生物农药分为五类（见表 5-1）：

表 5-1　　　　　　　　BPC 界定的生物农药的五种类型

名称	主要来源
第一类	天然产物类	微生物、植物和动物等
第二类	信息素类	昆虫、植物等
第三类	活体系统类	包括病毒、细菌和原生动物
第四类	昆虫类	捕食性昆虫和寄生类昆虫
第五类	基因类	微生物、植物和动物等

各国对于生物农药的范围界定不尽相同。例如美国未将天敌昆虫纳入管理范围，但是在日本，则将生物农药划分为直接利用和利用生物生理活性物质两种类型（上田富雄，1993）。美国将基因改造植物中的植物制造生物农药的成分也列入生物农药范围，称之为"殖入植物保护剂"（Plant - Incorporated - Protectants，PIPS）。而且，尽管生物农药源自于天然产物，但并非所有由天然产物制成的农药都要归类于生物农药，而仍需视其生产过程与生物毒性而定。如由放腺菌发酵生产的 Spinosad 杀虫剂，虽然也具备一般生物农药低毒与高专一的特性，但由于对所防治害虫具有神经毒性，因而在美国登记时仍以化学农药进行审核，并被认定为低风险（reduced risk）农药。可见，生物农药的认定会出现因不同国家、不同个案而异的情况。

全球生物农药产业的发展十分迅速，而我国生物农药行业经过 60 年左右的发展，已经是生物农药的研究和使用大国。尤其是近年来随着农产品安全事件的频发以及人们环保意识的增强，我国生物农药行业发展速度较快。截至 2014 年，我国已有 40 余家从事生物农药研发方面的科研院所、高校、国家级和部级重点实验室等研究机构，280 余家生物农药生产类企业，销售额占农药市场的 6.5%，使用作物面积约 5 亿亩次。我国已成为世界上最大的井冈霉素、阿维菌素、赤霉素生产国。从研究深度来看，井冈霉素、阿维菌素、赤霉素、苏云金杆菌（即 Bt）4 个品种已成为我国在世界生物农药市场上的拳头产品和领军品种。

根据农业部的《登记资料要求》，生物农药包括生物体农药以及生物化学农药两种类型。在中国农产品生产实际应用中，生物农药一般泛指可以进行大规模工业化生产的微生物源农药。工信部、农业部、环保部和国家质检总局等相关部委在联合发布的《农药产业政策》中，提出要加快高安全、低风险产品和应用技术的研究，逐步限制、淘汰高毒、高污染、高环境风险的农药产品和技术，鼓励发展生物农药等农药新产品和技术。

随着人们对生态环境及农产品安全的日益重视。生物农药在循环经济、低碳经济时代迎来良好发展机遇。生物农药是绿色食品生产的重要保证，我国已明确规定了绿色食品生产标准，AA级绿色食品生产要使用苏云金杆菌、井冈霉素等生物农药。高毒化学农药全面禁止生产、销售和使用，退出后的市场空间将由低毒的生物农药填补。农业部统计数据显示，从2010年开始，我国农药市场出现明显的结构性变化，生物农药销售量呈明显的增长趋势。2010年我国950家农药企业产品销售额为518.2亿元，生物农药的累计销售额约为62亿元，约占农药产品销售总额的11.96%。"十二五"末，我国计划减少化学农药使用量20%，到2015年生物农药占所有农药的份额增加到30%，这也为生物农药等低毒农药带来巨大的发展空间。

有研究强调，生物农药在农产品生产中具有突出优点，与化学农药相比，生物农药所带来的经济收益也极为可观（Hokkanen, Hajek, 2003）。也有研究发现利用生物农药可以提高农产品的产量和利润，降低农药对农作物的损害（Mandal et al., 2003）。近年来，化学农药残留超标污染导致食用人员中毒，以及农产品在国际贸易中遭拒、索赔、禁止出口的事件时有发生，严重影响了国内外民众对我国农产品的信心。因此，发展生物农药技术对保证农业可持续发展、保护生态环境、保障人们的健康水平都十分重要。

四 两种技术的关系：替代还是互补？

如果将生物农药和化学农药视作农产品生产过程中使用的两种不同类型技术手段，则两种技术均可以达到防治重大病虫害、确保农产品生产数量安全的生产目的。在分析两种生产技术的技术进步过程时，阿西莫格鲁（2002，2009）将清洁生产技术（clean）与"肮脏"（dirty）的生产技术界定为强替代关系。当研究对象为两种农药技术时，生物农药与化学农药能否也设定为强替代关系？如果不考虑市场结构及价格因素，仅从技术层面对这两种农药技术手段进行比较，可以得出表5-2：

表 5-2　　　　　　生物农药与化学农药在技术层面的比较

	生物农药	化学农药
作用机理	使昆虫致病，使其病死	以毒杀害虫为主
生态影响	靶标选择性强，杀虫谱窄，毒性低，不伤害天敌，无残留，环境友好	靶标选择性差，杀虫谱广，毒副作用高，降解慢，对环境影响较大，易诱发害虫高抗药性，引发恶性循环
药效反应期	药效反应慢，不太适用于突发性、毁灭性虫害	见效快，防治及时，适用于突发性、毁灭性虫害
抗药性	多种因素和成分发挥作用，不易使虫害和病菌产生抗药性	长期、大剂量使用易诱导昆虫产生抗性
施用成本	单次施用成本高，综合施用成本低	单次施用成本低，综合施用成本较高
技术要求	施用技术要求高	施用技术要求低、使用方便
药效稳定性	生物活性下降速度快	药效稳定
社会效益	提高农产品的品质与安全性	品质不易提高，农药残留，易遭受多重安全壁垒

资料来源：根据沈寅初（2000）、巨修练（2010）、中国农药工业"十二五"规划（2011）、高盛中国农药行业报告（2013）等资料整理。

从表 5-2 中似乎可以看出，两种农药技术手段各有优劣，二者的优势、劣势似乎呈现明显的强替代关系，但是，这并不足以将二者关系界定为强替代关系，这是因为：

首先，部分化学农药与生物农药关系十分密切，生物农药为化学农药的发展提供了资源。一些重要的化学农药是通过生物农药的外延发展而得到的，但克服了生物源农药的缺点和不足。最有代表性的是高效安全的绿色化学农药新烟碱类、邻苯二甲酰胺类杀虫剂和拟除虫菊酯类。例如，氨基甲酸酯类杀虫剂的先导物是天然除虫菊酯，克服了天然除虫菊酯光稳定性差、不能施用于室外的严重缺陷；邻苯二甲酰胺类杀虫剂的先导物是鱼尼汀，克服了天然鱼尼汀毒性高、安全性较差的严重缺陷[1]。

其次，无论生物农药还是化学农药，其发展方向都是高效、安全、经济、施用方便。近年来，绿色化学农药与传统的化学农药相比已有较大区别，符合绿色化学农药的要求。近年上市的绿色化学农药已克服了传统化学农药的特点，具有高效、速效、安全、靶标选择性强、相容性好的特点。

最后，由于目前生物农药仍具有药效反应慢、生物活性下降速度

---

[1] 参见 Yamamoto I., Casida J. E. (1999), Lahm P. G., Cordova D., Barry D. J. (2009)。

快、施用技术要求高、杀虫谱窄及施用成本较高的缺点，这些缺点短期内不可能完全克服。因此，在植物保护方面化学农药具有生物农药不可替代的作用。而近年来国内外对农产品安全和环境安全提出了更高的要求，尤其是从 2010 年起全面禁止五种高毒的有机磷农药在农产品生产中的使用，这为高效低毒低残留的绿色化学农药和生物农药提供了巨大的市场空间。因此，生物农药在保障农产品安全方面具有化学农药不可替代的作用。

在农产品安全生产过程中，两种类型农药均起着不可替代的作用，将二者简单对立起来的观点既不现实也不科学，二者是相互补充的关系。因此，在上一章的模型构建与本章的实证分析中，将生物农药与化学农药的关系界定为互补关系（即 $\varepsilon < 1$）是可行的，也是科学的。这也为阿西莫格鲁的 DTC 模型提供了符合现实的补充。

第二节 两种农药技术扩散速度测定方法说明

在对两种农药技术的扩散速度进行测定之前，有必要对农药产业的行业归属进行认定，并在此基础上通过与全行业技术扩散速度比较，可以更清晰地了解两种农药技术在扩散速度方面的差别。

一 农药产业的行业归属

农药行业主要包括农药中间体、原药和制剂加工三大部分，行业上游为黄磷等无机原料和甲醇等基本有机原料，下游为农、林、牧、渔业生产和卫生领域。对于农药产业而言，尤其对于化学农药产业，其产业链绘制如图 5-1 所示。

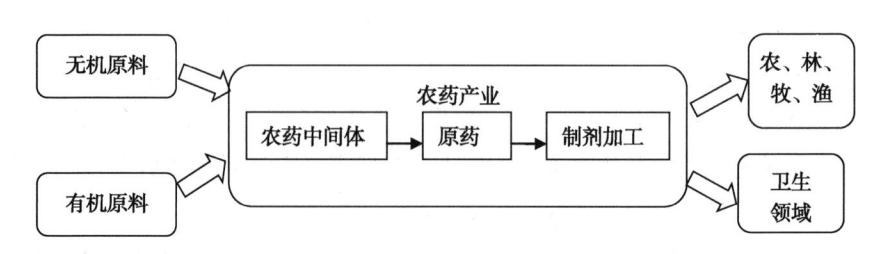

图 5-1 农药产业的产业链

资料来源：根据中国农药工业信息网相关资料整理。

农药产业的三大部分具体构成如表5-3所示。

表5-3 农药产业的三大部分

农药中间体	指在用煤焦油、石油产品为原料合成药物、香料、染料等化工产品的过程中，生产出的中间产物
原药	是在工厂合成或提炼后未经过加工处理的药品
制剂加工	为适应不同防治对象、使用方法、生产技术条件等的要求，制成农药剂型（乳油、粉剂、粒剂、水剂等）

资料来源：根据中国农药工业信息网相关资料整理。

由此可见，农药行业处于化工产业链的最末端，从属于精细化工行业，对技术高度依赖，研发投入高、周期长。但与一般的精细化工行业不同，农药与化肥、农膜、种子、饲料、农机具等几大类商品一起，是重要的农业生产要素，同属于农业生产资料，即农资行业。

在下文中，我们将分别比较化学农药、生物农药与社会全行业和第一产业农业的技术扩散速度。

二 模型的构建与说明

（一）农药技术扩散模型的建立

早在1943年，瑞恩和格罗斯对杂交玉米种子的扩散就进行了研究。这一研究在农业技术扩散研究史上具有开创性地位。此后，越来越多的学者开始致力于技术扩散的研究，扩散研究迅速发展，定量化的研究以及用以描述、解释技术扩散过程的数学模型大量出现。其中，代表性学者主要有福尔特（Fourt）、曼斯费尔德、巴斯（Bass）和马哈詹（Mahajan）。这些研究主要集中在以下几个方面：技术扩散的含义、农业技术扩散影响因素的分析以及农业技术扩散过程等[1]。相对于国外研究而言，国内在技术扩散方面的研究起步较晚，20世纪80年代后期才逐渐有学者和期刊介绍国外技术扩散的部分研究进展。20世纪90年代后，技术创新和技术扩散的相关研究开始大量出现。但这些研究主要集中于工业技术创新方面，有关技术扩散以及农业技术扩散的研究仍十分有限。国外关于技术扩散的研究自格罗斯和曼斯费尔德以来已形成以某一种特定技术为具体研究对象的研究范例，而国内的类似研究还比较少见，较多的研究仍主要集中于较泛

---

[1] 埃弗雷特·M. 罗杰斯：《创新的扩散》，中央编译出版社2002年版，第13—15页。

化的农业技术扩散过程。本部分将就农药技术这一具体的农业生产技术的扩散进行实证性的研究尝试。

在构建农药技术扩散模型时,本书采用中性技术进步假设的 C—D 生产函数来分析不同农药技术的扩散问题。之所以采用 C—D 函数,主要是由于它是经济学中使用最广泛的一种生产函数形式,具有很多优良的特性,而且在计量经济学的研究与应用中都具有非常重要的地位。柯布—道格拉斯生产函数的基本形式为

$$Y_t = A(t)L^\alpha K^\beta \tag{1}$$

式中,Y_t 为总产出,$A(t)$ 为特定技术水平的参数,K 表示资本,L 表示劳动,α 和 β 分别表示资本和劳动的产出弹性系数。对方程求全导数,并分别除以 Y,即从增长速度角度计量,则可得到如下经济增长综合因素分析的基本公式:

$$\frac{\Delta Y}{Y} = \frac{\Delta A}{A} + \alpha\frac{\Delta L}{L} + \beta\frac{\Delta K}{K} \tag{2}$$

根据增长率的这一基本式,以及 K、L 两种投入要素增长率和相应的边际产出弹性系数 α、β,就可以测算出技术进步因素 A 的增长率,其计算公式如下:

$$\frac{\Delta A}{A} = \frac{\Delta Y}{Y} - \alpha\frac{\Delta L}{L} - \beta\frac{\Delta K}{K} \tag{3}$$

同时,为了反映技术进步对行业增长的贡献率,即技术扩散所带来的行业增长的份额,用 C_i 表示,其公式为

$$C_i = \left(\frac{\frac{\Delta A}{A}}{\frac{\Delta Y}{Y}}\right) \times 100\% \tag{4}$$

在式(1)中,产出与两种要素之间的关系式是非线性的,通过模型的对数变换,可得到其人均资本投入与人均产出之间的线性表达式为

$$\ln\frac{Y}{L} = \ln(A) + \beta\ln\frac{K}{L} + \ln(\mu) \tag{5}$$

根据式(5),可求得人均资本投入的回归系数 β、常数项 A 以及 α[①],还原为 C—D 函数,进一步可对技术进步速度进行计量。

[①] 在此假定下,下文所涉及的化学农药产业、生物农药产业、农业全行业以及全社会全行业均为规模报酬不变,即 $\alpha + \beta = 1$,即 $\alpha = 1 - \beta$。

(二) 数据来源与处理方法说明

在下文的实证分析中，以行业的总产值为生产函数的产出指标 Y[①]，并以2000年为基期，采用GDP指数对历年产值进行价格调整，以消除价格波动带来的影响；从业人员作为劳动的投入量 L；根据价格指数调整过的行业固定资产投资额为资本投入量 K，原始数据来源于历年《中国农药工业年鉴》《中国统计年鉴（2000—2012）》以及中国石油和化学工业协会、石油和化学工业规划院、中国农药工业协会校正数据。同时，为了避免多重共线性，利用人均生产率和人均投资额数据，应用 Eviews 6.0 软件进行计量分析，从而保证研究的科学性。

第三节 技术扩散速度测定

本部分使用 Eviews 6.0 软件分别对生物农药产业、化学农药产业的技术扩散速度进行测定，同时为了进行对比分析，还将对农业、社会全行业的技术扩散速度进行测定。

一 化学农药产业的技术扩散速度

如表 5-4 所示，2000—2012 年间，我国化学农药产业发展迅速，其产业增加值在 2008 年后出现大幅度显著增长。此后，虽然在 2011 年出现短暂下滑，但在随后的 2012 年里，出现了反弹性的快速增长。

表 5-4　　　　　　化学农药产业增加值等统计数据

年份	总产出 Y（亿元）	资本 K（亿元）	劳动 L（万人）	Y/L	K/L	lnY/L	lnK/L
2000	121.59	25.44	12.09	4.787	2.10091	1.565988	0.742371
2001	209.73	32.11	13.02	6.532	2.465438	1.876822	0.902369
2002	318.92	44.17	13.23	7.214	3.340892	1.976153	1.206238
2003	426.66	48.72	13.43	8.761	3.62621	2.170402	1.288188
2004	531.91	53.80	13.68	9.886	3.932749	2.291182	1.369339

---

① 由于《中国农药工业年鉴》中的行业统计数据均为现价销售产值且与中国石化工业协会、石油和化学工业规划院的统计口径不一，本书主要参考《中国农药工业年鉴》，并参照后两者对年鉴缺失的少量数据进行调整。

续表

年份	总产出 Y（亿元）	资本 K（亿元）	劳动 L（万人）	Y/L	K/L	lnY/L	lnK/L
2005	642.19	64.20	13.86	10.00	4.632035	2.302881	1.532996
2006	752.84	73.50	14.01	10.242	5.246253	2.326567	1.657514
2007	857.70	84.49	14.25	10.151	5.929123	2.317621	1.779876
2008	1138.00	96.54	14.73	11.787	6.553971	2.46707	1.880071
2009	1200.30	106.40	14.95	11.281	7.117057	2.423121	1.962494
2010	1472.00	123.40	15.22	11.928	8.107753	2.478946	2.092821
2011	1145.76	146.65	16.42	7.8128	8.931181	2.055775	2.189549
2012	2113.00	168.31	16.20	12.554	10.38951	2.530057	2.340796

数据来源：历年《中国农药工业年鉴》、中国农药工业协会（CCIPA）。

通过对 2000—2012 年间我国化学农药产业的数据进行分析，得出化学农药产业人均产量（YL）与人均投资（KL）的对数序列（见图 5-2），序列图基本呈现出线性趋势，此时可以进行线性回归模型的建立。

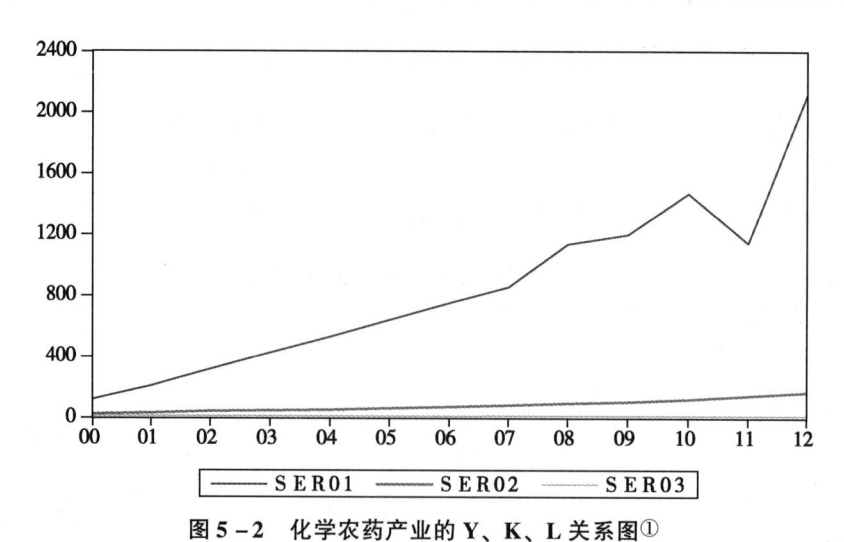

图 5-2　化学农药产业的 Y、K、L 关系图①

通过对模型 $\ln\dfrac{Y}{L} = \ln(A) + \beta\ln\dfrac{K}{L} + \ln(\mu)$ 进行回归分析，得出变量人均资本量对我国化学农药产业总产量 Y_h 的变动关系如下：

---

① 图中 SER01、SER02、SER03 分别对应 Y、K、L 值，下文同。

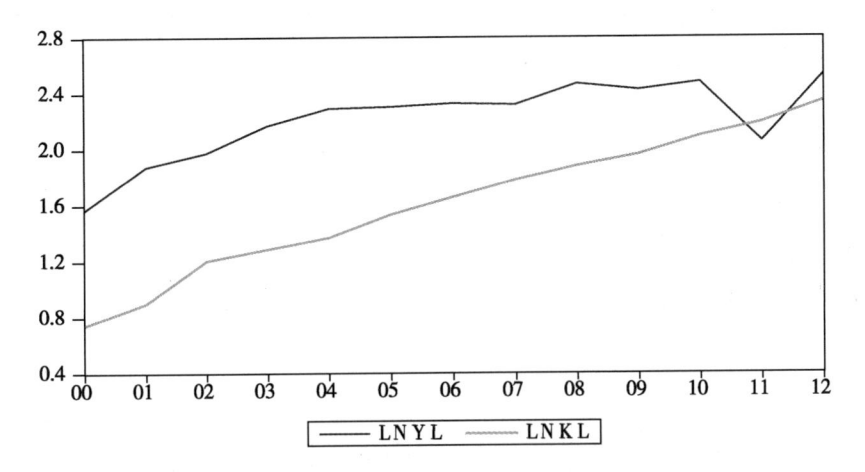

第五章 实证检验：中国农药技术的进步方向

图5-3 化学农药产业 YL 与 KL 的对数序列图

$$\ln YL = 1.486 + 0.452\ln KL \quad (6)$$
$$(0.1721)\ (0.1025)$$
$$t = (8.6355)\ (4.4113)$$

$R^2 = 0.6389, \bar{R}^2 = 0.6061, D.W. = 1.4833, F = 15.459$

从纯粹的统计观点看，所估计的回归结果对数据的拟合良好。R^2 取值为 0.6389，表示产出（对数）的变异有 63.89% 可由人均资本（对数）来解释。回归结果如表 5-5 所示。

表5-5　化学农药产业人均资本量与总产量的回归结果

Variable	Coefficient	Std. Error	t – Statistic	Prob.
LnKL	0.451989	0.102462	4.411284	0.0010
C	1.485835	0.172062	8.635450	0.0000
R – squared	0.638864	Mean dependent var		2.214045
Adjusted R – squared	0.606033	S. D. dependent var		0.278724
S. E. of regression	0.174946	Akaike info criterion		0.508039
Sum squared resid	0.336668	Schwarz criterion		-0.421123
Log likelihood	5.302251	Hannan – Quinn criter		0.525904
F – statistic	19.45943	Durbin – Watson stat		1.483370
Prob（F – statistic）	0.001043			

在该模型中，LnKL 通过了 t 检验，F 统计量值为 19.4594，F 检验通过。拟合程度良好，如图 5-4 所示。

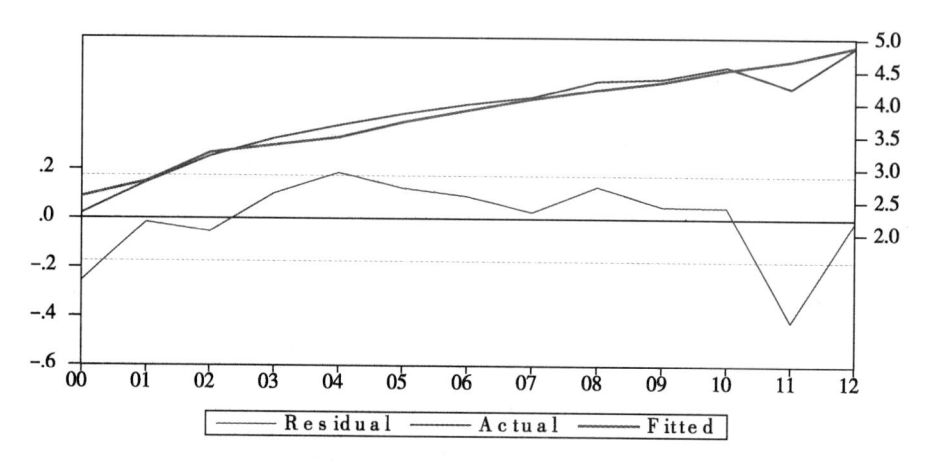

图 5-4　化学农药产业实际值和拟合值的拟合程度对比以及残差的波动状态

从上述回归结果可以看出，2000—2012 年间中国化学农药产业的生产函数可还原如下：

$$Y_h = 3.969 K_h^{0.456} L_h^{0.544} \quad (7)$$

从式（7）中，我们可以看出中国化学农药产业总产出的资本与劳动的弹性系数分别为 0.456 和 0.544。换言之，在 2000—2012 年间，如保持劳动投入不变，资本投入每增加 1%，则导致总产出增加 0.456%。同样的，如保持资本投入不变，劳动投入每增加 1%，则导致总产出增加 0.544%。因此，化学农药产量对资金的敏感度略弱于对劳动力的敏感程度，即化学农药总产出的变化受劳动力变动的影响略大于受资金的影响。

根据同时期总产量、资本投入和从业人员三项指标，求得三个指标年平均增长速度分别为 0.2978、0.1729 和 0.025。根据式（3）可算出化学农药产业技术扩散速度如下：

$$\frac{\Delta A_h}{A_h} = 0.2978 - 0.456 \times 0.1729 - 0.544 \times 0.025$$
$$= 0.2978 - 0.0788 - 0.0136$$
$$= 0.2054$$

根据式（4），技术扩散带给化学农药产业增长的贡献率 C_h 为

$$C_h = \left(\frac{\frac{\Delta A_h}{A_h}}{\frac{\Delta Y_h}{Y_h}}\right) \times 100\% = \frac{0.2054}{0.2978} \times 100\% = 68.97\%$$

二 生物农药产业的技术扩散速度

如表5-6所示,我国生物农药产业在2000—2012年间经历了明显的三个阶段的增长。第一个阶段为2000—2003年,这一阶段增长相对较快,平均年增长幅度为16.3%;第二阶段为2004—2009年,生物农药产业在2003年后增幅减小,平均年增长幅度为7.3%;第三个阶段为2009年以后,进入一个快速上升通道,出现了井喷式的增长,平均年增长幅度高达157.4%。

表5-6　　　　　　　生物农药产业增加值等统计数据

年份	总产出 Y（亿元）	资本 K（亿元）	劳动 L（万人）	Y/L	K/L	lnY/L	lnK/L
2000	13.20	15.90	1.24	2.016129	12.82258	0.701179	2.551208
2001	15.90	16.70	1.25	2.32	13.36	0.841567	2.592265
2002	18.00	18.80	1.26	2.698413	14.92063	0.992664	2.702745
2003	20.80	22.60	1.29	3.271318	17.51938	1.185193	2.863308
2004	21.70	39.60	1.46	7.041096	27.12329	1.951764	3.300393
2005	22.50	41.40	1.49	7.409396	27.78523	2.002749	3.324505
2006	24.60	48.30	1.51	8.543046	31.98675	2.145118	3.465322
2007	27.00	52.40	1.57	11.01911	33.3758	2.399631	3.507831
2008	29.00	58.90	1.59	11.96226	37.04403	2.481757	3.612107
2009	32.00	61.90	1.81	9.569061	34.1989	2.258535	3.532193
2010	153.60	81.10	1.99	6.371859	40.75377	1.851891	3.707548
2011	236.60	102.30	1.82	19.15934	56.20879	2.95279	4.029073
2012	327.00	133.80	2.20	29.10	60.81818	3.370738	4.107889

数据来源：历年《中国农药工业年鉴》、中国农药工业协会（CCIPA）。

通过对2000—2012年间我国生物农药产业的数据进行分析,得出生物农药产业人均产量（YL）与人均投资（KL）的对数序列（见图5-5）,序列图基本呈现出线性趋势,此时可以进行线性回归模型的建立。

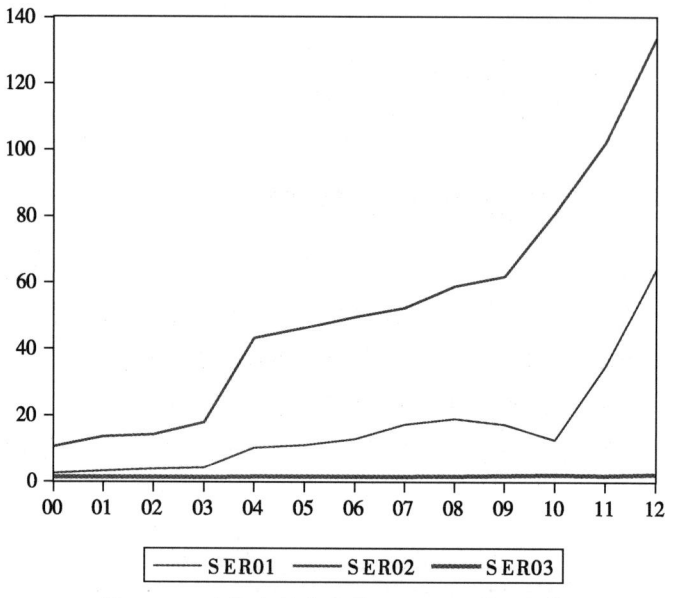

图 5－5　生物农药产业的 Y、K、L 关系图①

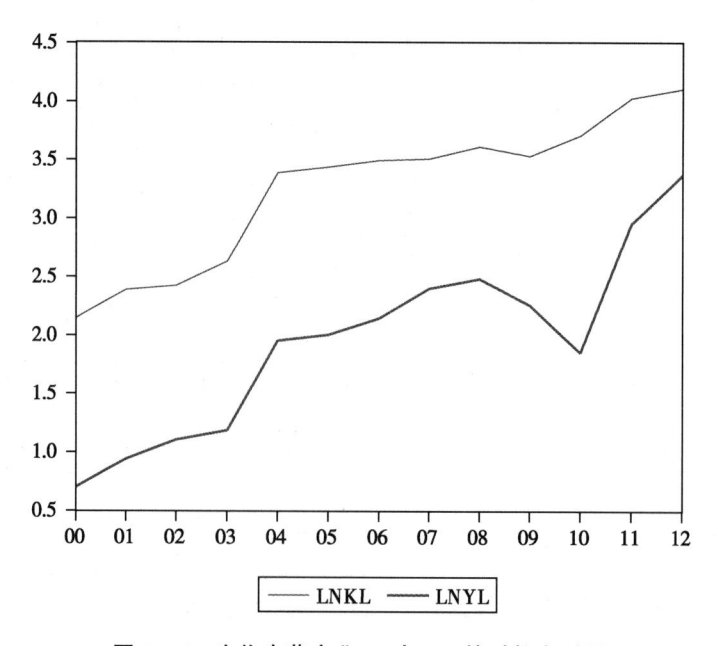

图 5－6　生物农药产业 YL 与 KL 的对数序列图

---

① 图中 SER01、SER02、SER03 分别对应 Y、K、L 值，下文同。

第五章 实证检验：中国农药技术的进步方向

通过对模型 $\ln\frac{Y}{L} = \ln(A) + \beta\ln\frac{K}{L} + \ln(\mu)$ 进行回归分析，得出变量人均资本量对我国生物农药产业总产量 Y_h 的变动关系如下：

$$\ln YL = -1.8750 + 1.1727\ln KL$$
$$(0.3739)\quad(0.1126)$$
$$t = (-5.0148)\quad(10.4116) \tag{8}$$
$$R^2 = 0.9079, \bar{R}^2 = 0.8995, \text{D.W.} = 1.6476, F = 108.4$$

从纯粹的统计观点看，所估计的回归结果对数据的拟合良好。R^2 取值为 0.9079，表示产出（对数）的变异有 90.79% 可由人均资本（对数）来解释。回归结果如表 5-7 所示。

表 5-7 生物农药产业人均资本量与总产量的回归结果

Variable	Coefficient	Std. Error	t-Statistic	Prob.
LNKL	1.172664	0.112631	10.41155	0.0000
C	-1.874987	0.373893	-5.014764	0.0004
R-squared	0.907873		Mean dependent var	1.949634
Adjusted R-squared	0.899498		S.D. dependent var	0.792421
S.E. of regression	0.251214		Akaike info criterion	0.215614
Sum squared resid	0.694193		Schwarz criterion	0.302530
Log likelihood	0.598507		Hannan-Quinn criter.	0.197849
F-statistic	108.4003		Durbin-Watson stat	1.647591
Prob (F-statistic)	0.000000			

在该模型中，LNKL 通过了 t 检验，F 统计量值为 108.4003，F 检验通过。拟合程度良好，如图 5-7 所示。

从上述回归结果 $\ln YL = -1.8750 + 1.1727\ln KL$，2000—2012 年间中国生物农药产业的生产函数可还原如下：

$$Y_b = 0.8433 K_b^{1.1727} L_b^{-0.1727} \tag{9}$$

从式（9）中，我们可以看出中国生物农药产业总产出的资本与劳动的弹性系数分别为 1.1727 和 -0.1727。换言之，在 2000—2012 年间，如保持劳动投入不变，资本投入每增加 1%，则导致总产出增加 1.1727%。同样的，如保持资本投入不变，劳动投入每增加 1%，则导致总产出减少 0.1727%。因此，生物农药产量对资金的敏感度明显强于对劳动力的敏感

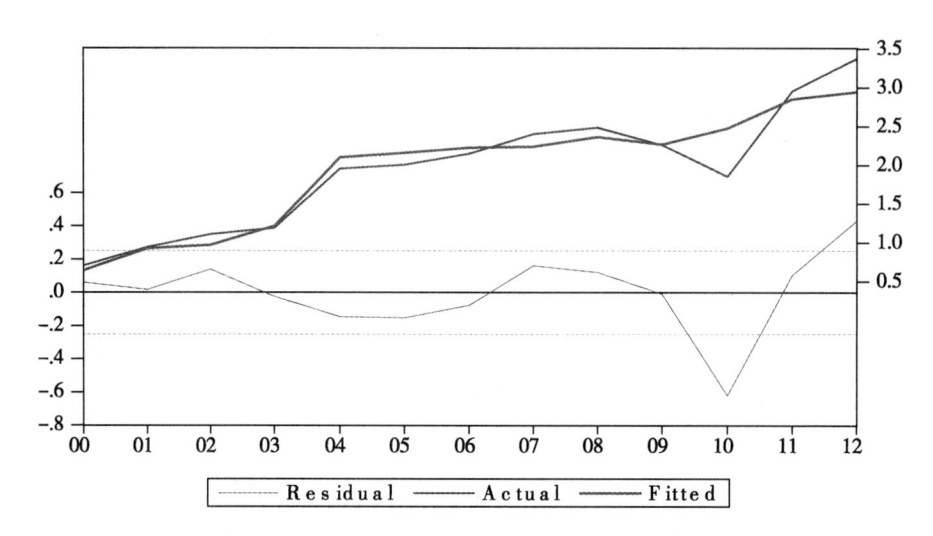

图 5-7　生物农药产业实际值和拟合值的拟合程度对比以及残差的波动状态

程度，即生物农药总产出的变化受劳动力变动的影响小于受资金的影响。

根据同时期总产量、资本投入和从业人员三项指标，求得三项指标年平均增长速度分别为 0.4105、0.2712 和 0.0516。根据式（3）可算出生物农药产业技术扩散速度如下：

$$\frac{\Delta A_h}{A_h} = 0.4105 - 1.1727 \times 0.2712 - (-0.1727) \times 0.0516$$

$$= 0.4105 - 0.3180 + 0.0089$$

$$= 0.0959$$

根据式（4），技术扩散带给生物农药产业增长的贡献率 C_h 为

$$C_h = \left(\frac{\frac{\Delta A_h}{A_h}}{\frac{\Delta Y_h}{Y_h}}\right) \times 100\% = \frac{0.0959}{0.4105} \times 100\% = 23.36\%$$

第四节　不同产（行）业技术扩散的比较分析

为进行更好的对比分析，分别测定同时期社会全行业与农业全行业的技术扩散速度。

一 社会全行业的技术扩散速度测定

社会全行业人均资金投入回归模型为

$$\ln \frac{GDP}{L} = 0.944976 + 0.660551\ln \frac{K}{L}$$

$$(0.0282)\quad(0.0322)$$

$$t = (20.0455)\quad(20.5324)$$

$R^2 = 0.9746, \bar{R}^2 = 0.9723, \text{D.W.} = 0.946924, F = 421.581$

2000—2012年间我国社会全行业的生产函数可还原如下：

$$GDP = 2.57K^{0.66}L^{0.34}$$

根据同时期总产量、资本投入和从业人员三项指标，求得三项指标年平均增长速度分别为0.09837、0.1361和0.0052，根据式（3）可算出社会全行业技术扩散速度如下：

$$\frac{\Delta A_g}{A_g} = 0.0984 - 0.66 \times 0.1361 - 0.34 \times 0.0052$$

$$= 0.0984 - 0.0898 - 0.0018$$

$$= 0.0068$$

根据式（4），技术扩散带给社会全行业总产出增长的贡献率 C_g 为

$$C_g = \left(\frac{\frac{\Delta A_g}{A_g}}{\frac{\Delta Y_g}{Y_g}}\right) \times 100\% = \frac{0.0068}{0.0984} \times 100\% = 6.91\%$$

二 农业全行业的技术扩散速度测定

同理，农业全行业人均资金投入回归模型为

$$\ln \frac{GDP_A}{L_A} = 0.764671 + 0.565038\ln \frac{K_A}{L_A}$$

$$(0.1309)\quad(0.0539)$$

$$t = (7.2217)\quad(10.4795)$$

$R^2 = 0.9089, \bar{R}^2 = 0.9007, \text{D.W.} = 1.174, F = 109.8199$

2000—2012年间我国农业全行业的生产函数可还原如下：

$$GDP_A = 2.07K^{0.565}L^{0.435}$$

根据同时期总产量、资本投入和从业人员三项指标,求得三项指标年平均增长速度分别为 0.0765、0.2037 和 -0.0956,根据式（3）可算出农业全行业技术扩散速度如下:

$$\frac{\Delta A_a}{A_a} = 0.0765 - 0.565 \times 0.2037 - 0.435 \times (-0.0956)$$

$$= 0.0765 - 0.1151 + 0.0415$$

$$= 0.0029$$

根据式（4）,技术扩散带给农业全行业总产出增长的贡献率 C_a 为

$$C_a = \left(\frac{\frac{\Delta A_a}{A_a}}{\frac{\Delta Y_a}{Y_a}}\right) \times 100\% = \frac{0.0029}{0.0765} \times 100\% = 3.79\%$$

三 不同产（行）业技术扩散速度比较

由此,可比较分析化学农药产业、生物农药产业与社会全行业及农业全行业的技术扩散速度差异（见表 5-8）。当然,我们的分析侧重于对化学农药产业与生物农药产业的技术扩散速度的比较,并用以验证我们在上一章所提出的假设。

表 5-8　　　　　　不同产业（行业）技术进步与技术扩散比较[①]

	化学农药产业	生物农药产业	社会全行业	农业全行业
技术进步水平	3.969	0.843	2.57	2.07
技术扩散速度（%）	20.54	9.59	0.68	0.29
技术扩散贡献率（%）	68.97	23.36	6.91	3.79

我们的比较可以从以下三方面展开:

第一方面为综合技术水平的比较。从上述实证分析可以看出,我国化学农药产业的技术进步水平为 3.969,大于生物农药产业的技术进步水平 0.843,也远远超出社会全行业的 2.57 和农业全行业的 2.07。可见,生物农药产业的技术进步水平不仅低于化学农药产业,也远低于社会全行业

---

① 宋德军等（2007）曾作实证研究,我国农业技术扩散速度为 0.234%,较之于全国的 1.12% 要低;农业技术进步对全行业增长的贡献份额为 1.394%,也远低于全国一般水平 5.44%。由于数据选取的时间段与宋德军等人有所不同,所得数据结论略有差异,但基本结论大体相同。

和农业全行业,这也吻合前文所提及的生物农药产业技术含量不高的描述性特征。

第二方面为技术扩散速度的比较。从技术扩散速度来看,我国化学农药产业的技术扩散速度为20.54%,远快于生物农药产业的9.59%。在上一章中,我们假设化学农药产业的技术扩散速度快于生物农药产业,在这里,这一假设得到了验证。此外,这两个产业的技术扩散速度均快于社会全行业的0.68%和农业全行业的0.29%。这说明,无论是化学农药产业还是生物农药产业,在技术的扩散方面是领先于社会全行业的,而二者作为与农业相关的农资产业,其技术扩散速度更快于农业全行业。

第三方面为技术扩散贡献率的比较。化学农药产业的技术扩散对产业总产出的贡献率为68.97%,相当于生物农药产业的3倍,可见,化学农药产业的技术扩散在产业增长中扮演了举足轻重的角色。此外,从下表中还可以看出,无论是化学农药产业还是生物农药产业,技术扩散对产出的贡献率均高出社会全行业和农业全行业的一般水平。因而,在对生物农药和化学农药产业的分析中,忽略技术扩散因素的分析将是不完整的。

此外,在上述实证分析中,除了可以在综合技术进步水平、技术扩散速度以及技术扩散贡献率三方面进行比较,我们还可以分析要素效率与技术扩散的关系(见表5-9)。

表5-9 要素的标准化弹性表

弹性系数指标	化学农药产业	生物农药产业	社会全行业	农业全行业
劳动力要素投入(L)	0.456	-0.1727	0.34	0.435
固定资本投资(K)	0.544	1.1727	0.66	0.565

根据上文的实证分析,在规模报酬不变的假设条件下[①],可计算出标准化的弹性系数。化学农药产业的劳动力生产要素的弹性系数略小于固定资本投资的弹性系数,与农业类似。这说明在化学农药产业中,固定资本投资对产业总产出的影响大于劳动力生产要素,但二者差异并不十分显著。换言之,增加或减少这两种要素的投入都会直接影响到化学农药产业的产出以及技术扩散的速度;生物农药产业则呈现出另外一种明显特征,

---

① 本书中假设规模报酬不变,各要素弹性系数之和为1。而现实中,此假设不一定成立,可能会出现规模报酬递增的情况,为简化分析,本书仍采用规模报酬不变的假设。

即固定资本投资的弹性系数明显大于劳动力要素投入的弹性系数,这说明在生物农药产业,固定资本投资的变化会给产业的总产出带来较大的波动。由于固定资产投资多是带有技术更新性质的投入,因此,投资对技术扩散以及产业的总产出都将有较大的促进作用。

在这里,有一点值得关注的是,劳动力要素投入的弹性系数为负值,这表明在生物农药产业,劳动力要素投入的增加,并不必然使产业的总产出获得增长。这与我国生物农药产业的发展现状直接相关。虽然我国生物农药发展历程基本与国际同步,目前我国已经掌握了许多生物农药的关键技术,生物农药的研发水平在发展中国家处于领先地位,一些领域其至已进入国际领先行列[①]。但是,我国生物农药产业并未能像欧美等发达国家一样,形成大规模化生产。如美国现有登记的 36 个农用细菌杀菌剂品种,仅有 12 家企业生产且其中不乏像孟山都这样的国际农药巨头。而我国目前有 60 余家微生物农药企业,大多为小型乡镇企业,装备与技术落后,产品的质量并不稳定,从业人员技术水平较低。在这样的条件下,劳动力投入的增加并不能保证产出的相应增加。

第五节 小结

本部分以我国农产品安全生产中的最为重要的农产品生产投入技术——农药为例,分析了生物农药与化学农药这两种技术的技术扩散与技术选择过程,对上一章所提出的模型与假设进行了实证检验。分析表明,生物农药与化学农药两种技术呈现明显的互补特征,这与上一章的假设相一致;通过对我国 2000—2012 年间生物农药产业和化学农药产业的计量分析,文稿还发现化学农药产业的技术进步水平、技术扩散速度以及技术进步贡献率等各项指标均大大高于同期生物农药产业的水平,这也进一步验证了来自上一章的理论假设。在下一章,我们将沿循这一思路,选取农业生产中更为典型的技术扩散案例,分析农业技术进步方向与技术扩散和技术选择之间的内在关联,揭示农业技术进步方向与农产品安全之间的内源性联系。

---

① 参见邱德文《我国生物农药产业现状分析及发展战略的思考》,《生物技术产业》2011 年第 5 期。

第六章

案例：罗幔杨梅技术的扩散与选择

20世纪80年代，以罗默（1986）、卢卡斯（1988）为代表的一些经济学家在动态一般均衡的框架下将技术进步与内生经济增长联系起来，提出了内生的研发和创新推动经济增长的作用机制，突破了新古典增长理论（Neoclassical Growth Theory）关于外生性技术进步的假设，提出内生性技术进步，技术创新和资本积累一样，都是推动经济增长的重要力量。如今，创新、知识生产和研发在技术进步和经济增长中的作用已成为人们的重要共识（common knowledge）。技术进步主要来源于自主技术创新和技术扩散。然而有学者指出，自主创新这一途径具有很大的局限性（高旭东，2005）。在创新研究领域，近二十年来，创新尤其是关于技术创新的溢出和扩散（spillover and diffusion）的研究，影响范围更广（李春磊，2011）。对于我国大多数企业而言，自主技术创新是有限的，一项技术创新只有在扩散后才会起作用，因此，相对而言，技术扩散可能更为重要（刘青海，2011）。

在农业领域，对于我国大部分农业经营者而言，通过技术选择接受和吸收农业技术扩散才是推动经营者发展的更大源泉。因而，在农业技术进步研究领域，农业技术扩散日益成为人们关注的热点。然而，纵观国内外已有相关文献，我们发现，国外对农业技术扩散机制的研究主要集中于技术扩散的动机与成因，而国内基于产业的角度对农业技术扩散机制的理论研究近年来较多，不过，一般性的理论研究多，具体化研究、实证研究比较少。本部分将剖析传统技术扩散模型及农业技术扩散的特殊性，并在此基础上应用门槛模型对农业技术扩散的过程、效果进行实证分析，并将异质性农户的技术选择行为纳入分析框架中。

第一节 门槛模型与农业技术扩散

一 农业技术扩散的特殊性

农业技术扩散是指某项农业技术由初始少数人使用到后来的大多数人普遍采用的过程。它包含两方面的含义：其一是新技术创新之后的继续利用，即生产企业或个人把技术创新成果继续应用于生产的过程。其二，在新技术产生后，新技术的施用者不断增加。农业技术扩散是一个动态的渗透过程，通过农业技术扩散，使新技术不断扩大渗透到农业生产中，推动农业经济持续增长，其实质是农业生产技术现代化的过程，是建立"高产、优质、高效"农业的过程，也是将农业科技成果转化为生产力的过程。

相对于其他技术，农业技术扩散的特点涉及的部门与人员较多，且由于农业科技的公共产品属性，农业技术扩散需要有中介组织的帮助，并具有较大的风险性。农业方面的新技术并不像传统的扩散理论所假定的那样，相对于旧技术具有经济方面的明显优越性，它需要新技术的采纳者——农业经营户对此进行观测与评估。由于扩散对象的分散，在扩散过程中经常面临更多的障碍。对于农业技术而言，成功扩散与否，不仅与该区域农业社会化服务体系的支撑密切相关，更与技术扩散的终端——农户接受新技术的自身准备是否充足直接相关。

二 门槛模型中的技术扩散

门槛模型（Threshold Model）是经济学关于技术扩散的第一个理论模型（Davies，1979）。其主要观点是：（1）较之于小企业，大企业更早接受技术扩散，小企业只有在门槛规模下降或自身规模扩张时，才会采用新技术；（2）企业通过购买新技术的资本品来引入创新；（3）企业的异质性（如规模）是影响技术扩散效率的原因；（4）企业规模越接近，市场竞争程度越强，技术扩散效率就越高；（5）资本品的价格通过门槛规模影响技术扩散效率，价格越低，则扩散效率就越高。

斯通曼（Stoneman）与艾兰德（Ireland，1983）对门槛模型的进一步研究使得技术扩散与技术创新建立了联系，他们假定了一个阿罗式的"干中学"(learning by doing)模式，使技术扩散具有正反馈与自我强化的特点，如图6-1所示。

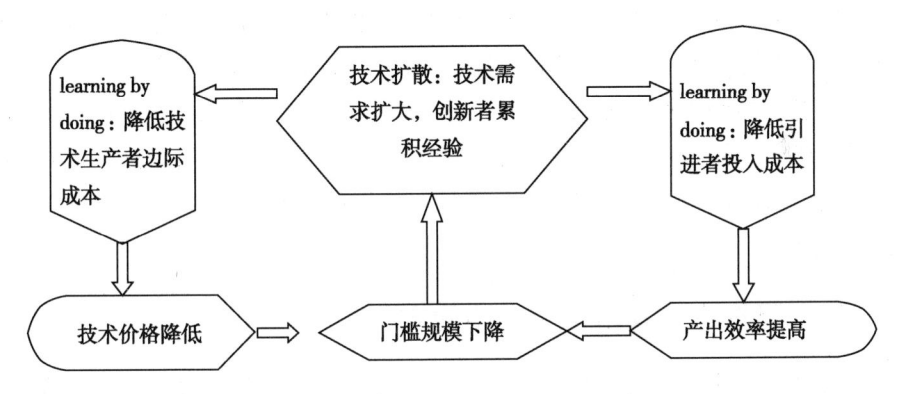

图6-1 门槛模型下技术扩散的正反馈机制

三 门槛模型在农业技术扩散中的适用性

门槛模型认为，影响技术扩散速度的因素有二：其一为资本品供给方的市场结构，其二为创新者的学习能力。基于此，他们提出，政府对技术引进者进行补贴有助于推动技术扩散与创新。

门槛模型与其他新古典模型一样，引入了企业的异质性，如不同的资本结构会导致企业对新技术的期望收益函数不同，而不同的企业规模也导致企业融资能力不同。此外，尽管它还假设新技术被一次性地采用，这样的假设在用于分析一般技术扩散时会忽略技术扩散的许多特征，如演进性特征。但在将之用于分析农业技术扩散时，这一假设并不影响其适用性。农业技术扩散与创新过程中，新技术的供给者在学习效应的作用下不断降低技术的边际成本，进而降低技术扩散的技术门槛与成本门槛。而由于技术的采纳者——农业经营户在学习和采纳方面的异质性也使得农业经营户对新技术的期望收益有所不同。因而，在门槛模型的视角下探讨提升农业技术扩散效率的可能性是存在的。

第二节 案例的选取：罗幔杨梅技术

一 案例背景

"世界杨梅看中国，中国杨梅看浙江"，浙江省是目前全国杨梅种植面积最大、产量最高、良种最多的地区。杨梅已成为浙江省最具特色的优势农产品，产值最大的水果，目前达三十多亿元。杨梅作为浙江省最主要的特色水果，除了其本身的经济价值之外，更重要的是许多地区将杨梅产业同当地旅游产业相结合，通过杨梅产业来带动当地的旅游产业（如各地一年一度的杨梅旅游观光节），从而产生更大的经济效益，因此杨梅的品质至关重要。杨梅虫害是影响杨梅品质的关键因素之一，而果蝇是杨梅最主要虫害。因此，有效防治杨梅果蝇对于提高浙江杨梅品质具有重要意义。

二 杨梅生产技术进步的不同方向

杨梅果蝇的防控主要有两个问题要解决：一是如何有效阻止果蝇在杨梅上产卵，实践已证明现有技术（如诱饵及诱虫板诱杀）很难有效做到这一点；二是如何有效杀死产在果实中的卵及孵化的幼虫，由于杨梅果实的特殊性（果蝇开始产卵危害时期正是果实成熟期及各地举办杨梅节的时期）决定了无法使用杀虫剂（包括化学及生物杀虫剂）来达到这一目的。2010年由浙江省农业科学院植物保护与微生物研究所提出了两项杨梅防虫技术，第一项为杨梅单株全树防虫网覆盖技术，着力解决上述第一个问题，在技术扩散方面已取得较明显的成效；第二项为SIT技术释放防治法，着力解决上述第二个问题，然而由于技术门槛较高，这项技术仍更多地停留在实验阶段，并未获得理想的扩散效果。两项防控技术主要内容如下：

（一）杨梅单株全树防虫网覆盖技术

这项技术下文简称"罗幔杨梅技术"，连续三年在其实验基地浙江省台州市黄岩区试验示范，在采摘前40—60天将杨梅结果树覆盖上防虫网，达到以下效果：

第一，对杨梅果蝇的防治效果显著。随着时间的推移，田间自然温度升高，未罩网杨梅树上的杨梅（自然种群）平均每颗杨梅的带虫量急剧上升，高峰期达35头/颗，其中最高虫量120头/颗，带虫率高达60%—100%，而采用了罗幔技术的杨梅树，绝大多数都不带虫，基本阻断了果蝇对杨梅的危害，并且无须使用化学药剂，保障了杨梅的质量安全；

第二，通过控温提升杨梅品质。杨梅是喜阴耐湿的作物，转色成熟期需要适温、高湿的环境，才能使果实充分发育。挂帐后，晴天具有遮光保湿作用，雨天具有避雨保温作用，从而使罗帐内杨梅果实肉柱更饱满、光泽度更好；

第三，延长杨梅销售期。由于罗帐的遮光保温作用，帐内光照强度减弱，使帐内杨梅成熟期推迟2—3天，果实采摘期延长3—4天，杨梅成熟期推迟和果实采摘期延长可以延长不耐储存的杨梅果实的销售时间，增加杨梅单株平均经济效率40%—50%。使用防虫网后，单株杨梅平均可以增加经济效益40%—50%。每株单产100千克的成年杨梅树，罩上防虫网后销售收入达到5000元以上，而没挂罗帐的销售收入则不足1000元。

罗幔技术防治果蝇具有显著的经济效益，且操作简单，很快被农技推广部门和果农广泛接受，当地果农给在防虫网内生长的杨梅取名为"罗幔杨梅"，并打出具有市场吸引力的口号"不用农药的无虫杨梅"。该项技术2012年在台州市黄岩区推广7600多顷，其中黄岩区院桥镇占堂村就推广了多达2500多顷，得到了浙江省农业厅和台州市、黄岩区各级政府和相关部门的高度重视，并对农民使用该项技术进行直接补贴。

（二）SIT技术释放防治法

Sterile Insect Technique（SIT）又称昆虫不育技术，即利用辐照不育技术防治杨梅果蝇。其基本思路为：通过辐照使果蝇不育，再将之大量释放到杨梅产区，这些不育果蝇与田间果蝇交配后，果蝇产的卵就不能孵化，从而控制果蝇种群数量，同时延长鲜卖杨梅果实的保质期，并且不会出现果实长白蛆的现象，增加了杨梅的商品和礼品价值。SIT技术释放防治法的主要优点是能抑制甚至根除害虫种群，同时具有选择专一性和使用安全性。

辐射不育技术首先由朗纳（Runner，1916）发现，大剂量的X射线可以导致烟草甲 *Siodermas erricome* 雌虫不育，随后穆勒（Muller，1927）的研究结果显示电离辐射可以导致果蝇 *Drosophila* 大量突变，并且绝大多数突变是致死突变，最明显的现象是辐照的果蝇雌虫所产的卵或与辐照果蝇雄虫交配的正常雌虫所产卵的孵化率降低。此后，对辐射不育技术治理害虫的研究开始在各国广泛展开，涉及的目标昆虫有双翅目、鳞翅目和鞘翅目等一百多种。

我国的SIT技术研究自20世纪60年代以来，先后对玉米螟 *Osrrinia furnaeazis*、桃小食心虫 *Carposina niponsis* Walsingham、柑桔大实蝇 *Bactrocera（Tetradacus）minax*、小菜蛾 *Plutella xytostella*、野蚕 *Bombyx mandari-*

na、甘蔗黄螟 *Argyroploce schistaceana*、蚕蛆蝇 *Exorista Sorbillans Wiedemann*、水稻三化螟 *Tryporyza incertulas* 等二十多种害虫进行了辐射不育研究。近年来，国内对鳞翅目昆虫辐射不育理论的研究已取得较快进展，辐射不育机理的研究已达到同类研究的国际先进水平（王华嵩等，1990；顾伟平等，2000、2004；牟建军等，2005；季清娥等，2007）。但 SIT 技术在田间大面积治虫的推广应用与国际先进国家相比仍有较大差距，导致昆虫不育技术在我国的害虫防治中仍停留在研究阶段。

第三节 罗幔杨梅技术的扩散与选择过程

在罗幔杨梅的技术扩散过程中，有几个部门涉及其中：首先是科研部门，作为首创者，农业科研部门创新性地提出罗幔杨梅技术，并将之在试点果农的杨梅种植区域进行试验示范，一定程度上对周边果农形成辐射。而周边果农通过第一年观测、次年模仿的方式吸收技术扩散。与此同时，在政府部门的行政支持下，科研部门与当地的农技推广部门形成技术交流与互动。在试点的第三年，推广部门通过在此试点召开全省杨梅质量安全技术现场会进行现场示范等方式将这一技术推广至更多果农。

罗幔杨梅的技术扩散过程可用图 6-2 来表示：

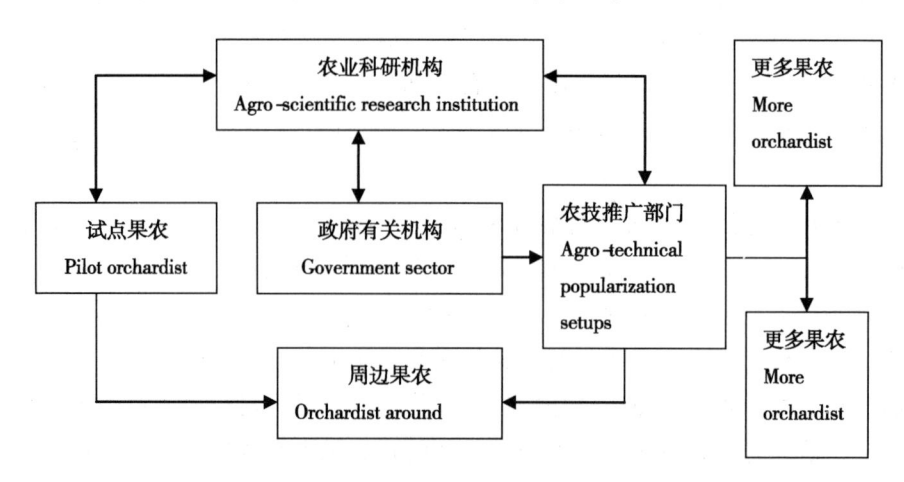

图 6-2 罗幔杨梅技术扩散过程

在本案例中，我国目前的农业社会化服务体系里的农业科研部门、政府行政部门及地方农技推广部门等可统一视作技术供给方，而杨梅果农则为技术需求方。按照门槛模型，技术供给方不断累积经验，制作杨梅罗幔的成本逐年递减，为这一项技术的扩散降低了技术门槛；同时，在示范作用和政府部门的补贴政策下，果农对此项技术的需求逐年增加，要素投入成本降低，由于新技术的采用，杨梅品质提升，产出效益大幅提高，采纳罗幔杨梅技术的门槛进一步下降。罗幔杨梅技术的扩散在"干中学"过程中形成了正反馈机制，如图6-3所示。

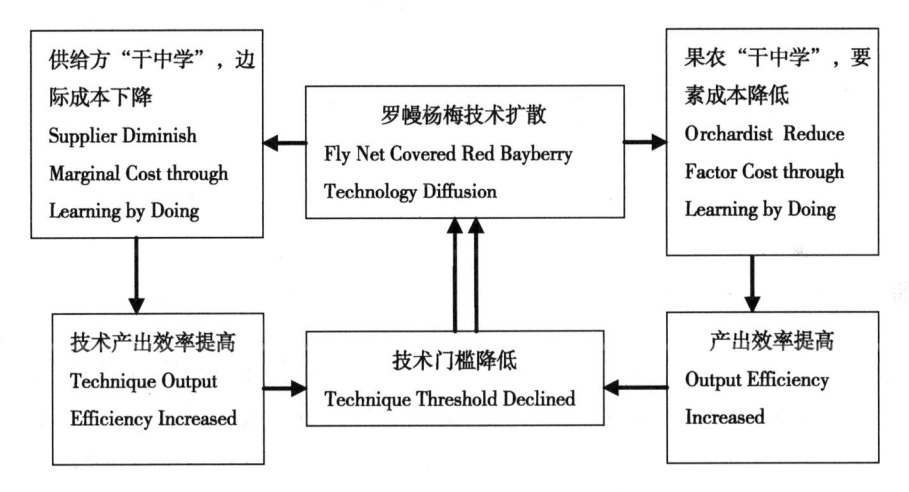

图6-3 罗幔杨梅技术扩散的正反馈机制

门槛模型在解释罗幔杨梅技术扩散的适用性方面在另外两项技术上可以得到更好的佐证。科研部门在推出罗幔杨梅技术的同时，还推出另外两项防治杨梅果蝇的生物技术——在杨梅园释放核辐射不育雄性果蝇以及施用微生物发酵农药，这两项技术在有效减少杨梅园中的果蝇数量、降低果蝇的危害及提升杨梅品质方面与罗幔杨梅技术相比更具有技术优势，但其扩散速度与扩散效率目前仍不能与罗幔杨梅技术相比拟。究其原因，技术门槛与成本门槛一定程度上影响了异质性果农在采纳吸收新技术时的决策，进而抑制了其扩散效果。

第四节 罗幔杨梅技术扩散与选择的博弈过程

罗幔杨梅技术的扩散过程可以视作分阶段的博弈进程。对于标准式博弈 $G = \{N, S_i, U_i\}$，假设：

（1）博弈局人 N 为试点果农1、周边果农2，双方都是有限理性、风

险厌恶者且对获得高品质杨梅产品具有同质性需求;

（2）双方的策略集合 S_i 为 {采用罗幔杨梅技术，拒绝罗幔杨梅技术}，下文简称为 {采用，拒绝}。

一　第一阶段的技术扩散与选择博弈

第一阶段试点果农 1 与周边果农 2 之间博弈的收益 U_i 矩阵如表 6-1 所示:

表 6-1　　　　　　　第一阶段博弈的双变量矩阵

试点果农 1	周边果农 2	
	采用	拒绝
采用	$3R-C$, $3R-2C$	$4R-C$, R
拒绝	R, $2R-2C$	R, R

在第一阶段（即第一年）的博弈中，假设果农种植杨梅的其他成本为 0，不采用罗幔技术的单株收益为 R，此时试点果农 1 采用罗幔技术后单株收益达到 $4R$；周边果农 2 基于模仿采用罗幔技术后单株收益达到 $2R$，由于竞争，试点果农 1 的单株收益下降为 $3R$。此外，试点果农 1 由于能在第一时间获得科研部门的技术支持，采用罗幔技术的支出成本为 C，且 $C<R$，周边果农 2 在此阶段做出是否采用罗幔技术的决策主要根据观测与模仿，如选择"采用"，其罗幔制作成本为 $2C$。设无论是试点果农 1 还是周边果农 2 选择"采用"或"拒绝"策略的概率均为 1/2。由此，对于试点果农而言，选择"采用"策略和"拒绝"策略的期望收益分别为：

"采用"策略的期望收益: $U_{1A} = \frac{1}{2}(3R-C) + \frac{1}{2}(4R-C) = 3.5R-C$

"拒绝"策略的期望收益: $U_{1R} = \frac{1}{2}R + \frac{1}{2}R = R$

对于试点果农 1 而言，选择"采用"策略的期望收益为 $3.5R-C$，当制作罗幔的成本 C 满足 $C<2.5R$ 时，$U_{1A} > U_{1R}$，意味着选择"采用"策略的期望收益明显大于"拒绝"策略的收益 R。由于之前已假定 $C<R$，所以，在第一阶段，试点果农的最优策略为"采用"策略。

对于周边果农 2 而言，选择"采用"策略的收益为 $3R-2C$，选择"拒绝"策略的收益为 R，则，周边果农 2 选择"采用"策略和"拒绝"

策略的期望收益分别为：

"采用"策略的期望收益：$U_{2A} = \frac{1}{2}(3R - 2C) + \frac{1}{2}(2R - 2C) = 2.5R - 2C$

"拒绝"策略的期望收益：$U_{2R} = \frac{1}{2}R + \frac{1}{2}R = R$

比较 U_{2A} 和 U_{2R}，我们发现，只有满足 $C < 0.75R$ 时，才会出现 $U_{2A} > U_{2R}$，对于 $C < R$ 的假定，$C < 0.75R$ 具有一定的不确定性，因此，作为风险厌恶者的周边果农2其理性策略应为"拒绝"并因此采取观望态度。由此可见，在第一阶段的双变量矩阵中，纳什均衡的策略组合为（采用，拒绝）并进入下一阶段。

二 第二阶段的技术扩散与选择博弈

第二阶段试点果农1与周边果农2之间的博弈的收益 U_i 矩阵如表6-2所示。

表6-2　　　　　　　　第二阶段博弈的双变量矩阵

试点果农1	周边果农2	
	采用	拒绝
采用	$3R - 1/2C$, $3R - C$	$4R - 1/2C$, R
拒绝	R, $4R - C$	R, R

到第二阶段（即第二年乃至范围更大的推广阶段），由图6-2可知，"干中学"效应使得试点果农1罗幔制作成本递减为 $1/2C$，周边果农2制作成本则递减为 C，当都选择"采用"策略时，单株收益相应提升为 $3R$。当试点果农选择"采用"而周边果农选择"拒绝"时，由于试点果农可以提供更优质的产品，因而单株收益为 $4R$，反之亦然。由此，对于试点果农而言，选择"采用"策略和"拒绝"策略的期望收益分别为：

"采用"策略的期望收益：$U'_{1A} = \frac{1}{2}(3R - \frac{1}{2}C) + \frac{1}{2}(4R - \frac{1}{2}C) = 3.5R - 0.5C$

"拒绝"策略的期望收益：$U'_{1R} = \frac{1}{2}R + \frac{1}{2}R = R$

对于试点果农1而言，选择"采用"策略的期望收益为 $3.5R - 0.5C$，当制作罗幔的成本 C 满足 $C < 5R$ 时，$U'_{1A} > U'_{1R}$，意味着选择"采用"策略的期望收益明显大于"拒绝"策略的收益 R。由于之前已假定 $C < R$，

所以，在第二阶段，试点果农的最优策略为"采用"策略。

对于周边果农2而言，选择"采用"策略的收益为$3R-C$，选择"拒绝"策略的收益为R，则周边果农2选择"采用"策略和"拒绝"策略的期望收益分别为：

"采用"策略的期望收益：$U'_{2A} = \frac{1}{2}(3R-C) + \frac{1}{2}(4R-C) = 3.5R-C$

"拒绝"策略的期望收益：$U_{2R} = \frac{1}{2}R + \frac{1}{2}R = R$

此情形类似于在第一阶段试点果农1所面临的选择，因此，周边果农2在第二阶段的理性选择为"采用"策略。

因此，第二阶段的纳什均衡解为（采用，采用），理性决策的果农有帕累托改进的激励。如果政府部门对采用这一技术的果农进行补贴，这一博弈均衡将进一步得到强化，参与果农选择采用罗幔技术策略的激励也会增强。这一结论与本书第二章提出的正反馈机制相吻合。

第五节 小结

分析表明，传统的技术扩散模型不能完全解释农业技术中杨梅果蝇防治技术的扩散模式。农业技术扩散是技术从不成熟到成熟的一种动态变化，农业技术培育的动态化、果农采用新技术的规模报酬、新技术供给者与需求者的"干中学"的学习效应、采用者果农的异质性行为、产业政策等因素必须被纳入分析框架。因此，在门槛模型视角下继续拓展分析农业技术的内生化扩散是必要的，也是可能的。

根据研究结果，提出以下政策建议：

第一，农业技术的示范阶段对于技术扩散效果非常重要，因此，应在农业技术扩散初期加大支持力度。因为果农只有预测到此项技术会有较好的收益才会采用。这说明，技术指导与财政补贴等政策在扩散的早期阶段应该会更有效。因而，如果在示范阶段加大对农业科研部门的经费支持力度，这将对罗幔杨梅技术的技术扩散动态产生更大的积极影响。

第二，降低技术门槛和成本门槛能大大提高农业技术扩散效率，因而，应大力完善农业技术推广与服务体系。农业技术扩散需要学习和模仿的能力及相关的充分信息（信息的重要程度在传染病模型及贝叶斯学习模型中也有所强调）。果农学习和模仿的能力需要有足够的教育和培训。在新古典模型里，由于信息的不完全性和非对称性，自由的技术市场可能使果农在有技术需求时找不到相应的技术。农业科研部门、行业协会、农技推广部门等社会组织通过对新技术的认定与管理，对农业技术推广网络的完善，在很大程度上可以解决技术市场效率低下的问题，从而有效促进农业技术的扩散。因此，通过完善农业技术市场机制，大力投资果农的教育与培训，完善农业技术推广与服务体系，降低技术门槛和成本门槛是提高农业技术扩散效率，促进农业科研成果转化的必由途径。

第七章

农产品安全生产的政策规制

前文将农产品安全生产问题归因于两种不同类型的农业技术进步。在第三章,证实了在农产品生产过程中,"不安全的"技术更容易被经营者所选择性接受并广泛传播,而"安全的"技术则与之相反,即存在安全生产技术的"逆选择"现象。第四章将农业技术进步方向纳入一个内生增长模型。解释了农产品生产技术市场上确实存在着"劣币驱逐良币"的现象,并将这一技术选择过程动态化,从中发现了两种类型的技术进步对政策规制的内生反应并不一致。在第五章,通过准确地测定两种技术的扩散速度,验证了之前的预设,即两种类型的技术进步由于扩散速度的不同而导致技术市场上的逆选择。第六章的案例从不同角度为理论分析提供了有力的佐证。在本章,将把政策规制进一步纳入研究框架,构建一个囊括"技术进步方向—技术扩散—技术选择—政策规制"的有机体系,进一步解析我国农产品安全生产的内在机理,为从农业技术进步方向的角度来剖析、解决农产品安全问题提供一个更为完整的思路。

第一节 影响农药技术进步方向的因素体系

两种类型的技术进步由于技术扩散速度不同而导致在技术市场上的逆选择,那么,影响两种方向技术扩散的因素是否一致?在上一章中,我们比较了几个不同产业(行业)的技术扩散速度,尤其是通过对生物农药产业和化学农药产业的技术创新扩散速度的测度,我们发现,化学农药产业的技术进步水平、技术创新扩散速度以及技术扩散对产业的贡献度均远远大于生物农药产业。那么,是什么因素影响了农药的两个方向性技术进步呢?在本章将对这一问题加以讨论。

第七章 农产品安全生产的政策规制

对现有文献进行回顾，我们知道研究者们对技术扩散进行了大量理论的、实证的探讨，并提出了众多各具特色的扩散模型。这些扩散模型大概可以分为速度模型和决策模型两类，可见，技术扩散速度素来为研究者们关注的焦点之一。速度模型也可称为总体模型、宏观分析模型或者"S"形模型，是通过对技术扩散过程中技术采用者的技术选择行为进行分析，反映技术扩散速度的时间过程，其最常见的方法是曲线拟合法（Dolan、Jeuland，1981）。这些技术扩散速度模型和大量实证分析表明，在某一区域内，新技术的采用者数量会随着时间呈现"S"形曲线变化。因而，我们可以把单项农药技术扩散的速度模型表示如下（见图7-1），在图中，OA 表示新技术发明阶段，AB 表示技术创新阶段，BC 表示技术扩散阶段。

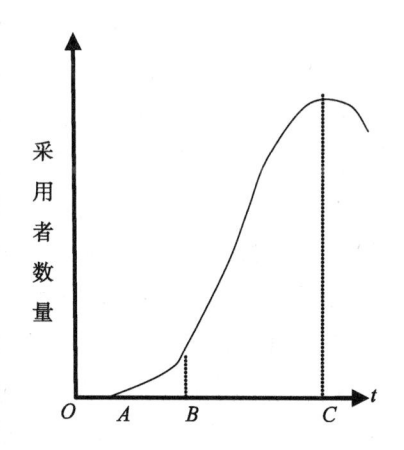

图7-1 单项农药技术扩散的速度模型

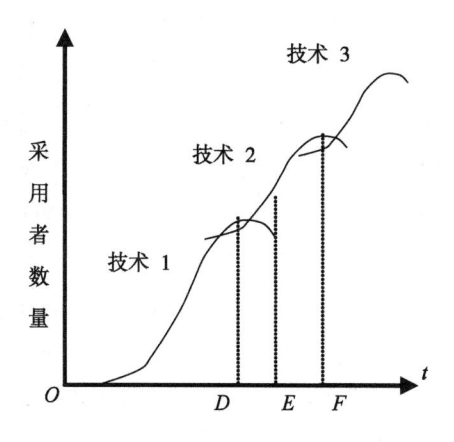

图7-2 持续农药技术创新扩散模型

如果考虑的是持续的农药技术创新扩散，可以将传统的"S"形扩散图表示为图 7-2，在图中，DE 表示技术 1 停顿阶段，EF 表示技术 2 逐渐取代技术 1 的更新换代阶段。

一个现实的农药技术扩散过程涉及各种因素。福尔特和曼斯费尔德认为技术扩散是在外部影响和内部影响的双重影响下完成的。康凯（2004）对技术扩散的微观层次进行了深入研究，通过对企业采用创新行为的博弈分析，提出了影响企业技术扩散最主要的三个因素，即外部环境因素、企业内部创新机制和扩散技术的属性。然而，这些模型都做了如下假设：（1）一种技术创新的扩散独立于其他技术创新；（2）社会系统的区域界限不会随着技术扩散的过程改变；（3）扩散只有两个阶段：不采用和采用；（4）技术采用者是同质无差异的；（5）一种技术创新的扩散是不受营销策略影响的；（6）技术扩散不受供给约束。

基于现有文献及农药技术扩散的特殊性，我们对上述假设加以修正：（1）一种农药创新的技术扩散速度与其他技术创新相关；（2）社会系统的区域界限随着农药技术扩散的进程而有所改变；（3）扩散包括技术创新—技术推广—技术选择与采用的过程；（4）异质性的技术采用者；（5）农药技术创新的扩散速度是受市场因素影响的；（6）农药技术扩散速度与技术供给者的生产能力直接相关。基于此，我们可以刻画出影响农药技术扩散速度的因素体系，基于技术扩散速度对技术进步方向的决定性影响，下图也可视为影响农药技术进步方向的因素（图 7-3）：

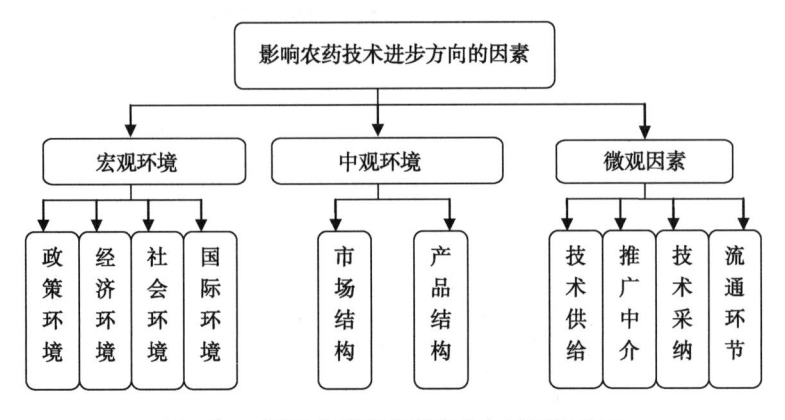

图 7-3 影响农药技术进步方向的因素体系

第二节 影响农药技术进步方向的宏观环境

影响农药技术扩散的宏观环境包括国际环境、社会环境、经济环境及政策环境四个方面。

一 国际环境

从国际环境来看，随着《斯德哥尔摩公约》《鹿特丹公约》等国际公约的推进和实施，农产品安全生产的环保标准越来越高，国际上要求减少化学农药使用量的呼声越来越高。以欧盟为例，在过去二十多年里减少了常规农药的用量，其中2000年农药使用量比20世纪80年代的平均水平减少了50%。2000年到2003的三年间，欧盟原有的15个成员国的农药用量又下降了20%。2008年欧洲议会决定，计划在10年内实现农药用量减半的新目标。就国际农药市场而言，近年来，农药的产品开发向低残留、高生物活性、高选择性、高效、低毒方向发展。仍以欧盟为例，其产品结构在近年发生了较大变化，如图7-4所示。

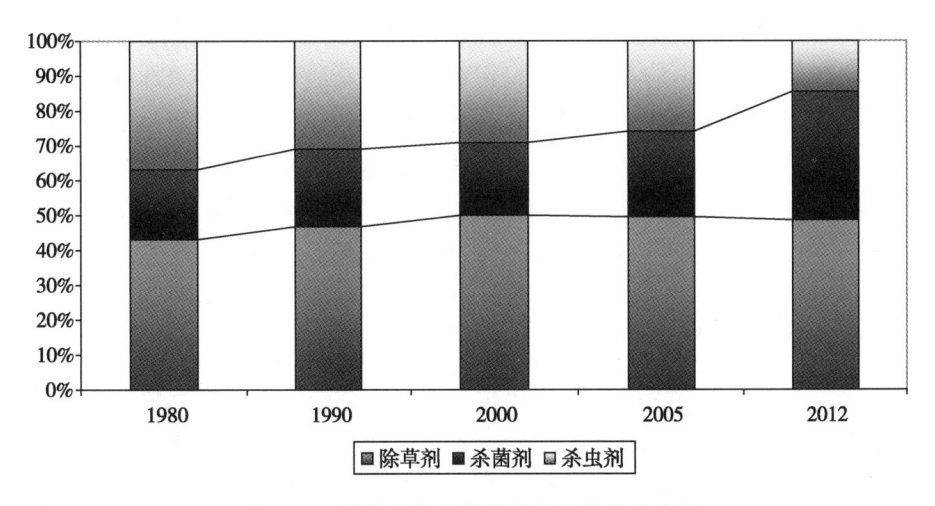

图7-4 欧盟近年农药销售额结构变动走势

数据来源：ECPA. ECPA Statistical Review 2012, Brussels: Stat/13/EJ/23397。

从上图中可以看出，除草剂份额变化不大，杀虫剂自20世纪90年代的黄金发展期后市场份额已从1980年的35.24%下滑至2012年的13.12%；与此同时，杀菌剂市场快速增长，从1980年的19.43%上升至

2012年的36.24%。究其原因，在全球农药市场上，由于杀虫剂开发和推广较之另外两种产品更早，市场已逐渐趋于饱和，其间受生态环境压力的影响，及近年来转基因抗虫作物的增加，杀虫剂市场不断萎缩，且环境相容性更好的高效低毒杀虫剂不断进入市场替代旧有品种。

二 社会环境

任何技术扩散的过程都是在一定的社会系统中进行的，不能独立于社会环境，农药的技术扩散也必然受到社会环境因素的影响。

随着国家粮食安全战略的实施，我国农药的刚性需求态势在短期内不太可能会发生明显变化。这种刚性需求可归因于两个方面：一是农业种植结构的变化，经济作物种植面积持续增长，其农药使用量比粮食作物高5—6倍，这种趋势带动了农药消费的增长；二是随着我国城市化进程加快，农村劳动力转移，土地集约化程度提高，以往精耕细作的耕作方式逐步被机械化生产替代，农药使用量增加。

农药的使用量稳步增长，已经是提高我国广大农民收入、促进农村地区消费、保障国民经济健康发展的必然路径。然而，农药的过度、不规范使用也为农产品安全生产带来了严重的影响。近年来，随着全社会环境保护和农产品安全意识的不断增强，传统的化学农药带来的环境污染、生态破坏和农产品安全等一系列问题已引起人们的共同关注，农产品安全法规日趋严格，农产品中农药残留标准门槛不断提高。因而，尽管在现阶段生物农药由于其药效慢、稳定性差等缺陷，其广泛应用受到限制；但从长期来看，生物农药取代传统的化学农药已成为一个大的趋势。

三 经济环境

农药产业受宏观经济影响均小于普通化工产品，更多受气候、病虫害发生等因素影响。如图7-5所示，无论是化学农药还是生物农药产业，其产值增长率的变动均呈现出异于国内GDP增长率变动趋势的特征。

尽管农药行业的增长与宏观经济的增长关联度较低，但是经济增长带来人民生活水平的提高，人们对于环境安全、健康和农产品安全等方面的要求随之提高，全球化学农药的减量控制和合理使用已成为趋势，农药的技术进步将向新型、高效、安全、环保的品种倾斜，对农药的技术进步方向产生显著影响，生物农药对化学农药的替代效应将会越来越明显。

第七章 农产品安全生产的政策规制　111

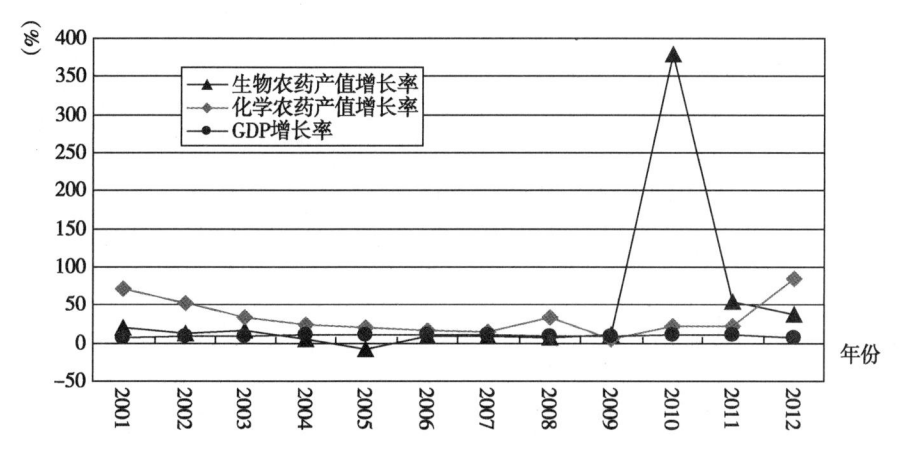

图 7-5　2001—2012 年间我国国内 GDP 增长率与农药行业增长率
数据来源：历年中华人民共和国统计年鉴、农药工业统计年鉴。

四　政策环境

政策环境是影响农药技术进步方向的重要因素之一。在第四章，通过构建 ADTC 模型，我们发现，可以通过对农药创新部门直接补贴和税收等方式的微观政策改变农药技术进步方向。在这一章，对政策环境的分析将拓展至更宏观的视野。2004—2014 年间，中央政府连续发布了 11 个以农业为主题的"一号文件"，密集出台与"三农"相关的政策。在这些政策中，与农业技术进步方向密切相关的政策可分为：（1）农产品质量与食品安全监管政策，通过建立"最严格"的、"覆盖全过程"的食品安全监管制度，严格包括农药在内的农业投入品管理，将发展安全环保的农药列入《中国 21 世纪议程》，在 2015 年中长期科技规划中，将生物农药列为重点的攻关项目；（2）农业支持保护政策，通过国家支农补贴政策、提升粮食最低收购价格、建立利益补偿机制等具体政策手段，一定程度上保证了农户的种植收益，充分调动农户的种植积极性，是我国农药需求保持刚性增长的重要动力之一；（3）农业科技创新政策，有学者将改革开放以来我国农业科技政策的推进划分为启动恢复期、深入调整期、改革创新期、稳步推进期和成熟完善期五个阶段[1]。这些政策虽然各具阶段性特

---

[1] 参见刘冬梅、郭强《我国农村科技政策：回顾、评价与展望》，《农业经济问题》2013 年第 1 期。

征，但与我国其他类型政策相比，政策系统性和连贯性较强，农业科技创新政策从研发、创新、转化、推广、示范和应用等方面为大力发展优质安全农产品提供了政策支持；（4）新型城镇化政策。在本书第三章的实证分析中，我们得出了土地的细碎化经营对生物农药的采用有显著的负面影响。通过进一步深化农村土地制度改革，完善土地承包政策，抓紧土地确权登记，不仅为城乡一体化提供了制度支撑，更重要的是，在新型城镇化政策下，土地集中程度将进一步加大，对生物农药等农产品安全技术的扩散、选择是一个不可忽视的历史性契机。

第三节 影响农药技术进步方向的中观环境

影响农药技术进步方向的中观环境包括市场结构和产品结构两个方面。

一 市场结构

在不同类型市场上，技术的创新、扩散以及选择行为是不一样的。按照张伯伦对于市场的分类，市场根据竞争程度的不同可分为完全竞争、垄断竞争、寡头垄断和完全垄断四种类型[①]。判断一个产业是属于哪一种类型的市场结构，有一个重要的指标是产业集中度[②]。根据 Joe S. Bain（1944）和日本通产省对产业集中度的划分标准，当 $CR_8 < 40$ 时，为竞争型市场，$CR_8 \geq 40$ 时为寡占型市场，$CR_8 \geq 70$ 时为极高寡占型。

国内农药行业 $CR_{10} = 21.9$，远低于竞争型市场 $CR_8 < 40$ 的上限，产业集中度较低，企业规模较小，是典型的"大行业、小企业"。我国现有

---

① 参见 Robert S. Pindyck、Daniel L. Rubinfeld《微观经济学》（第8版），中国人民大学出版社2013年版，第257页。

② 产业集中度指数（Concentration Ratio，CRn）：在已知该行业的企业的产值、产量、销售额、销售量、职工人数、资产总额等的情况下，其计算公式为

$$CR_n = \frac{\Sigma (X_i)_n}{\Sigma (X_i)_N}$$

其中，X_i：表示第 i 家企业的产值、产量、销售额、销售量、职工人数、资产总额等；n：产业内规模最大的前几家企业数；N：产业内的企业总数，且 $n < N$。通常 $n = 4$ 或者 $n = 8$，此时，行业集中度分别表示产业内规模最大的前4家或者前8家企业的集中度。

农药原药生产企业有 500 余家，但至今尚无具有较强国际竞争能力的龙头农药企业。2010 年行业前 10 大企业占全国总产量的比重只有 21.9%，前 20 大企业占总产量的比重只有 30.8%，销售额 10 亿元以上的企业只有 10 家，前 20 家农药企业市场份额仅 13% 左右。销售额 5000 万元以下的企业约 50%[①]。而在全球农药行业中，世界前 6 家农药企业销售额占到全球农药市场的 80% 以上。

不同于跨国农药公司专注于生产自己的农药产品，我国农药企业多、小、散的问题仍未得到根本解决，企业主要生产专利过期的仿制农药，同一个品种往往会有十几家甚至几十家企业生产，如我国登记的细菌杀菌剂仅 32 个，却有 22 家农药企业进行生产，与此形成鲜明对比的是，美国登记的细菌杀菌剂 36 个，仅有 12 家农药企业生产。此外，目前我国六十多家微生物农药企业，多数为小型乡镇企业，装备与技术落后，产品质量不稳定，产品更新速度缓慢，致使同质化竞争、重复生产的情况异常严重，明显缺乏竞争力。企业对生物农药的研发受限于资金和人才，难以成为技术创新的主体，一些关键、重大技术始终难以获得突破。

二 产品结构

与国际市场相比，我国农药产业经过多年发展，农药的生产能力与产量均处于世界前列，但仍存在诸多问题，从三大类农药品种结构来看，与国际农药市场差距很大，近年农药销售额结构变动走势如图 7-6 所示。

可以看出，在产品结构方面，在过去几年中，除草剂份额大幅上升，从 2005 年的 28.6% 上升至 2012 年的 45%，杀菌剂从 10.1% 下降为 7.1%，杀虫剂比重从 41.8% 下降至 31.9%，与国际农药市场相比呈现出不同的特征。此外，我国农药行业科技创新能力仍然较弱，产品多以仿制为主。而与此同时，在国际农药市场，发达国家继续保持在农药创新与制造领域的优势地位，随着经济全球化的深入，发达国家的农药行业产能逐步向中国、印度和南美洲地区的发展中国家转移。在其产业转移过程中，我国农药行业的技术进步方向将沿循更高的国际标准，产品结构更趋合理化，创制高效、安全和环境友好的农药，生物农药的比例将进一步提高，实现产业的转型升级。

---

① 数据来源于《中国农药工业十二五规划》《高盛中国农业报告（2013）》。

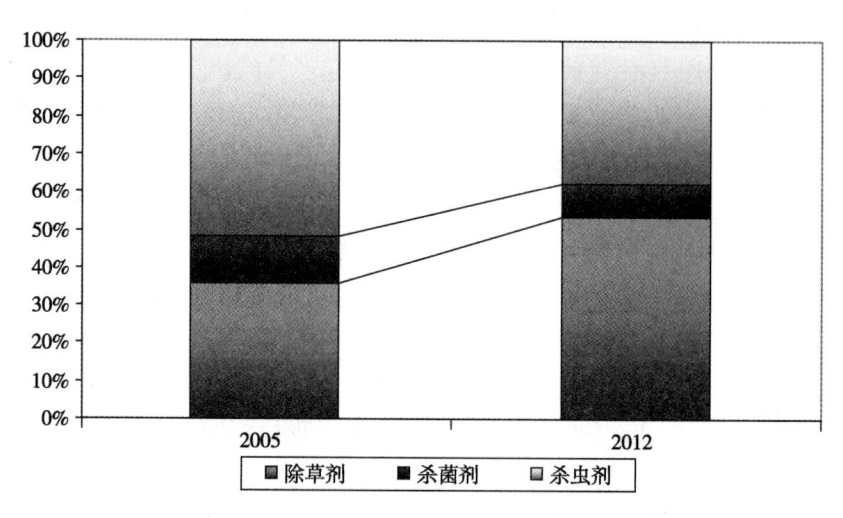

图 7-6　我国近年农药销售额结构变动走势

数据来源：中国农药工业"十二五"规划。

第四节　影响农药技术进步方向的微观因素

由于农业技术创新与工业技术创新有着本质的差别，因而农业技术创新在微观扩散过程中有着相当复杂的机制（刘笑明、李同升，2006）。影响农药技术进步方向的微观因素包括一项新技术从创新至选择的诸多环节，具体包括技术供给、推广中介、流通环节及技术采纳等几个方面。

一　技术供给

一项新技术的供给包括技术的创新者、推广中介两个环节。此处的技术供给是狭义的技术供给，即仅指技术创新或技术研发。有学者指出，农业的新技术供给是指在一定时期内，农业技术研发的机构或个体愿意且能提供的农业技术创新的数量与质量（吴林海，2009）。在我国，农业技术创新往往具有非常典型的公共物品（Public goods）的特征，即兼具非竞争性、非排他性和正外部性，如无政府力量介入，容易发生"搭便车"和"公地悲剧"。因而，在我国，农业技术创新供给的主体往往为各类公益型的农业科研机构和高等院校。对于农药技术创新而言，创新的供给者还可能包括另一个重要的市场力量：企业。只有当农药技术创新存在潜在市场赢利可能时，一些大中型的农药企业才会加入创新队伍，成为农药技术创新的供给者。

然而，在我国，几类主要的创新主体存在着农业技术创新有效供给不足的主要问题（胡虹文，2003；吴林海，2009；余凌等，2014）。在生物农药的技术创新方面，这一现象更为严重。我国的生物农药研究起始于新中国成立初期 Bt 杀虫剂的研究，经过几十年的产品研发和产业化发展，我国已经是全球井冈霉素、赤霉素和阿维菌素的最大生产国，行业整体研发水平在所有发展中国家处于领先地位，一些领域甚至已进入国际先进行列（邱德文，2013）。

然而，与化学农药相比，生物农药的技术创新与发达国家仍有不小的差距。究其原因，主要有两个层面。第一个层面是农业技术创新的第一类供给主体，即各级各类农业科研机构和高等院校，由于种种原因，其生物农药的研发与生产脱节。这一类供给主体的技术创新行为由政府部门主导，其创新行为具有两个特征：其一是创新目标公益化，较少受市场变量的影响，容易忽视农药生产和市场的实际需求；其二是研究目标学术化，注重基础研究而不注重实用研究，注重学术科研成果而不注重成果的转化[①]。第二个层面是各类生物农药制售企业，作为生物农药创新供给的另一个可能主体，我国生物农药企业大都规模较小、布局分散、品种较为单一、质量差、工艺落后。2013 年，我国生物农药生产企业约 260 家，仅占全部农药生产企业的 11.8%，且生存状况也令人担忧。目前还在维持生产的仅 100 余家，年产值过亿元的仅 4 家上市公司，整个行业缺少有竞争实力的龙头企业，研发能力极为薄弱，市场竞争能力较弱，迄今为止，仍很难成为我国生物农药技术创新供给的主体。

二 推广中介

农药技术推广在生物农药的技术扩散中发挥着重要作用。在本书第三章的实地调查中我们发现，生物农药操作技术要求高、宣传力度不够以及市场可及度不高是生物农药在农药市场上不受青睐的主要原因。农户在具体施用过程中需要得到相应的技术培训与指导。

农业技术推广是指通过试验、示范、培训、指导以及各种咨询服务，

[①] 根据科技部统计公报，目前我国农业科技成果转化率仅为 40% 左右，远低于发达国家 80% 的水平。

将农业技术普及应用到农业产前、产中、产后全过程的一系列活动[①]。在我国，农业推广中介包括国家各级农业技术推广机构、农业教育科研机构、各类农村专业技术协会以及涉农企业等。从某种程度上而言，这些机构不仅是农药技术创新的主要供给者，同时也是重要的推广中介，因而，这些机构是影响我国农药技术进步方向的重要微观因素。

我国的农技推广体系是在计划经济体制下逐渐形成的。新中国成立以来经历了"组建—崩溃—重建"的过程，近年来各级农技推广机构根据"兼顾经济效益、社会效益，注重生态效益"原则按照公益性推广和经营性推广进行分类管理，在促进农业科研成果转化，发展高产、优质、高效、安全农业方面做出了不小的贡献。但是，现有农技推广体系在促进农产品安全生产和推动农药技术进步方向的优化方面仍存在着不少问题。具体表现在三方面：其一，推广体系仍不健全，成果转化渠道溃塞，基层农技推广体系运行不畅；其二，农业科研、教育、推广仍联系松散、各成体系；其三，仍以各级政府农技推广体系为主，其他各类非政府的农技推广组织在农技推广中发挥的作用有限。这些问题在现实中制约了生物农药在农户中的广泛使用。

三　流通环节

农药作为一种不可或缺的农资，是农业产中环节的重要投入品。农药费用在我国农业经营成本中所占比例并不高，按马晓河（2011）的估算，2009年农药农膜费约占我国三种主要粮食总成本的3.99%，[②]但其流通环节是影响农药技术进步方向的一个重要微观因素。

从20世纪90年代起，我国农药流通从最初的以供销社系统为市场主体转向流通主体更为多元化。供销社系统的流通主体地位逐渐下降，农技部门、个私农资企业、农资生产企业甚至是外资企业等经营主体的市场份额逐渐上升。经营主体的多元化一定程度上加剧了农药市场交易中由于信

---

① 参见2012年8月31第十一届全国人大常委会第二十八次会议新修正的《中华人民共和国农业技术推广法》。

② 参见马晓河《中国农业收益与生产成本变动的结构分析》，《中国农村经济》2011年第5期。而另一份由国信证券经济研究所发布的《2012年度化工行业深度报告》则认为农药费用占农业总成本为7.2%。无论根据哪一份报告，我们都可以认为农药费用在农业总成本中所占比例较小，远低于化肥等其他农资。

息不对称所导致的"逆选择"。一方面，由于我国农户多为散户经营，农药购买量较少且在生产过程中农药费用比例较低，单个农户往往无力支付或不愿支付获取农药产品信息的成本；另一方面，由于农药经营的准入门槛降低，农药流通主体良莠不齐，制售假农药、高毒农药者屡见不鲜，或迎合市场需求在经营品种方面偏好药效较快的化学农药而非生物农药，在一定程度上强化了农户化学农药选择行为，影响了生物农药的市场流通能力，导致生物农药市场规模增速较慢。

四　技术采纳

在农业技术创新—扩散—最终选择采纳过程中，农户作为最终的技术采纳者，其技术选择行为是检验一项新的农业技术创新是否被有效地推广应用的重要指标。在几种可供选择的技术中，农户的技术采纳行为可以看作农户对某项新技术"用脚投票"（vote by foot）的市场选择结果，并最终影响不同技术的市场走向。

在新古典经济学中，农户往往被视为完全竞争市场上同质无差别的生产者。然而，近年众多实证分析表明，农户的异质性特征是影响农户技术选择的重要因素（Quirino Paris，2008；常向阳，2005；杨海龙，2009；韦志扬等，2010）。本书第六章也指出，农户由于在学习和采纳方面的异质性，不同的农户对新技术的期望收益会有所不同，作为风险厌恶者的理性农户在进行是否要采纳新技术的决策时，由于有帕累托改进的内生性激励，会在技术扩散的不同阶段审慎选择最优策略。在农产品生产中，由于我国目前仍缺乏有效的安全农产品的监测追溯系统，农户选择生物农药所生产的农产品在市场上并不具竞争性，因而，理性的农户会倾向于选择采纳化学农药。

第五节　农产品安全生产的有效规制体系

上文剖析了影响农药技术进步方向的各种因素。由分析可知，在农产品生产过程中，生物农药的技术创新与一般商品不同，它作为一种无形的知识产品，在保障农产品安全方面具有较好的社会效益和生态效益，而且其产品在施用时具有典型的公共物品属性和较强的正外部性，如果没有有效的政策规制，很容易出现市场失灵的问题。因此，政府规制的有效介入是促进生物农药科技创新有效供给、保障农产品安全生产的基础。

在前面几章，本书已构建了"农药技术进步方向—技术扩散—技术选择"三环式的逻辑链条（见图7-7），本部分将在这一逻辑链条上加入"政策规制"因素，通过建立"农药技术进步方向—技术扩散—技术选择—政策规制"的四环式的动态框架（见图7-8），分别分析政策规制对技术进步方向、技术扩散、技术选择三个环节的影响，更加系统地解构农药技术进步方向对中国农产品安全的影响机理，实现ADTC模型的纵向深入，并基于农药技术进步方向的角度针对我国农产品安全生产问题提供更有效的规制路径，为分析我国农产品安全生产（包括食品安全）问题提供一种新的理论视角与政策思路。

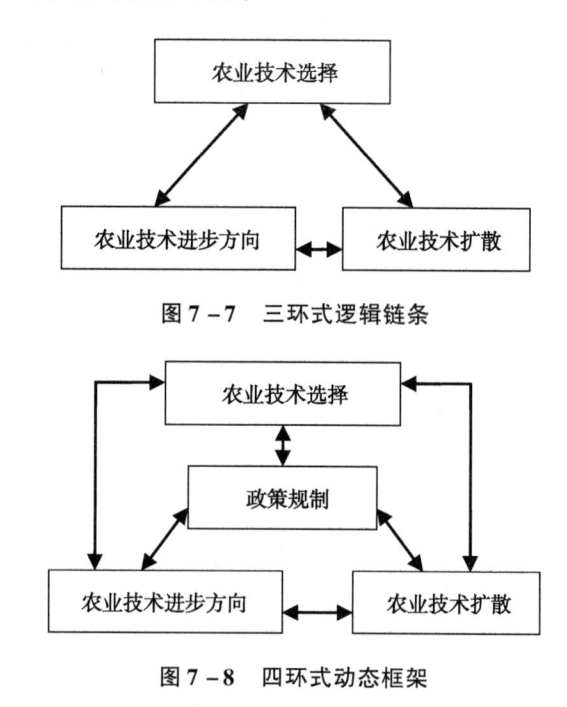

图7-7 三环式逻辑链条

图7-8 四环式动态框架

一　对农药技术进步方向的规制

第四章基于新古典的DTC模型构建了农药技术进步方向模型（ADTC），将农药生产部门区分为"安全"与"不安全"两种生产部门，模型认为，在自由放任状态下创新总是率先发生于不安全的生产部门，且其增长率快于安全的生产部门，这将导致农产品安全的灾难。因此，技术进步方向对农产品生产安全问题至关重要。有三种效应会影响技术进步方向：价格效应、市场规模效应与方向性的技术进步效应。灾难性的农产品安全问题是否会发生取决于方向性的技术进步效应与其他两种效应的比较。模型的结论是可运用税收和津贴等方法作用于技术创新部门，实现创新资源的优化配置，以实现农药技术进步方向的重置与优化。

（一）鼓励生物农药部门创新

相对于化学农药开发而言，生物农药的研发创新周期更长、成本更高、研究机制更为复杂。也正因如此，目前国内生物农药的研发创新主体仍以大学和科研机构为主，企业无力也不愿进行新产品的研发。这些大学和科研机构在生物农药研发初期的投入主要依靠政府项目资金的支撑，然而这些项目资金来源并不稳定。以我国"九五"期间开始建设的两家国家南、北农药创制中心[①]为例，自中心成立以来，国家针对绿色化学农药分别在"十五""十一五""十二五"间投入1亿元、1.2亿元、2.2亿元，针对生物农药的支持项目则相对零散，包括国家支撑计划、863计划和一些成果转化项目。与化学农药相比，生物农药创制的投入相对薄弱。一些有研究基础的科研院所不得不放慢生物农药的研发进度。通过对生物农药创新部门发放创新津贴或加大项目扶持的力度与广度，旨在对生物农药研发部门的创新行为形成有效激励。

（二）引导化学农药创新部门转型

在我国农药行业，化学农药的产值与市场份额占九成以上，2010—2012年三年间化学农药行业的从业人员分别是生物农药行业7.65倍、9.02倍和7.36倍[②]。相比之下，我国化学农药部门的生产能力较强，产量位居世界第一，但创新能力仍有待加强。2012年化学农药原药产量为290.88万吨，其中有97%以上为仿制品，其中约一半集中于国外已禁用或已限制使用的高污染、高毒品种。通过项目计划编制的修订，逐渐形成我国化学农药创新部门的新导向，引导和扶持化学农药创新部门在化学生物农药、精细化工、生物农药等安全、经济、高效、低毒、低残留的环境友好型绿色农药领域的基础研究和技术创新。

---

① "九五"期间南、北两个农药创制中心的建设，被业界内公认为标志着我国农药创制研究的正式起步。其中，北方农药创制中心以沈阳化工研究院、南开大学为基地，南方农药创制中心以江苏农药研究所、上海农药研究所、浙江化工研究院和湖南化工研究院为基地。（资料来源：中华人民共和国农业部农药检定所中国农药信息网 http://www.chinapesticide.gov.cn/index.html）

② 数据来源：历年中国农药工业年鉴。

二 对农药技术扩散的政策规制

在第四、第五章，本书得出结论，认为由于两种不同方向的农药技术创新扩散速度不同而导致在技术市场上的逆选择。换言之，不同类型农药的技术扩散尤其是其各自的技术扩散速度是影响农产品安全的关键因素。本章对影响技术扩散速度的因素进行了系统的分析。因而，对农药技术扩散的政策规制将基于上述分析展开。

（1）优化生物农药技术扩散的政策环境。生物农药的技术扩散如果缺乏来自政府部门的鼓励性政策和相对宽松的政策环境，会制约农户对生物农药的认知度和使用积极性。第一，对生物农药实施补贴。进入21世纪以来，除上海、北京等少数省市对农户使用生物农药进行扶持和补贴外，大多数省市地方政府没有出台对生物农药的推广、应用实施政策鼓励和资金补贴[①]。生物农药见效慢，价格高，且以预防为主，对农户选择生物农药实施补贴将有助于生物农药的推广扩散。第二，运用市场导向激励生物农药技术的扩散与选择。对高污染高耗能的化学农药生产企业提高税赋比例，对生产生物农药的企业给予税费减免和发放补贴。强化农产品的产后监测，限制使用化学农药的高残留、低品质农产品进入市场，提高使用生物农药的环保生态型农产品市场竞争的比较优势，以经济效益驱动农户主动选择生物农药；第三，完善生物农药登记制度。我国生物农药缺乏独立的登记标准，大多沿用化学农药的标准，对于众多中小型生物农药企业而言，生物农药登记成本高、困难大。因而，通过针对生物农药特性制定独立于化学农药的行业标准，逐步完善生物农药的登记制度，并制定生物农药登记和使用的优惠条款，为我国中小生物农药企业营造良好的政策环境。

（2）优化生物农药产业的结构。结构优化包括产品结构优化与市场结构优化两个方面。在产品结构方面，我国生物农药的产品结构与国际生物农药市场相比特征迥异，其原因在于我国生物农药研发与生产相脱节，研发创新成果不能真正转化为产业化生产，不能引领生物农药产业与国际农产品市场接轨。通过提倡研发创新部门与行业龙头企业联合构建产业联

---

① 2014年1月，按农业部要求，有10个省开始实施低毒生物农药补贴试点。详见中国农药信息网，http://www.chinapesticide.gov.cn/index.html。

盟，加大对此类产业联盟的政策倾斜，优化配置创新资源和生产资源，针对生物农药产品研发中的关键技术进行攻关，改变我国生物农药产品结构不平衡的局面；在市场结构方面，国外农药行业是一个典型的寡头垄断市场，经过1995—2001年世界农药行业低谷期的行业重组，目前，先正达（Syngenta）、拜耳作物科学（Byaer）、孟山都（Monsanto）、杜邦—先锋（Dupont）、巴斯夫（Basf）和陶氏益农（Dow AgroScience）六家农药巨头企业已占全球80%的农药市场。集中度的提高有助于优势企业发挥技术创新能力，推动农药行业的良性发展。我国生物农药生产企业小而散，缺乏自主创新能力，根据2010年国家四个部委发布的《国家农药产业政策》，计划减少农药企业数量，前20位农药企业市场销售份额达到50%以上，2020年达到70%以上。目前看来，这一目标尚未实现，可以借鉴国外经验，引入风险投资，突破资金瓶颈，做大做强生物农药企业，对优质大中型生物农药企业给予并购政策的倾斜支持，提高市场集中度，优化市场结构，主动创造生物农药产业的发展新机遇。在重点扶持科研院所的同时，兼顾以企业为主的创新主体多元化发展，使企业真正成为推动生物农药技术进步的主体。

（3）强化基层农技推广体系。完善政府的各级农技推广体系，尤其是强化基层农技推广站的建设，改善我国农技推广体系"架在乡镇、空在村级、落实不到农田"的现状，加大对基层技术推广人员的技术培训、资金保障与各类政策支持，生物农药的推广项目向基层一线倾斜。创新生物农药技术的推广方式，充分利用地方电视、广播、报纸、电话、网络等媒体形式多元化开展技术推广。通过技术示范，以点带面，提高生物农药的扩散速度与施用面积。此外，进一步完善包括各种农村专业技术协会组织、生物农药企业等形式与主体在内的非政府农技推广组织，基层农技推广积极参与到生物农药的中试与推广，真正做到生物农药的科、教、研一体化。

（4）理顺农药流通体系。提高经营者准入门槛，提升经营者资质。在调查中我们发现，一些农药经销点的销售人员分不清生物农药和化学农药，缺乏生物农药使用知识，更遑论对前来购买生物农药的农户进行产品推荐与技术指导。因此，应将农药经销人员列入强化和普及生物农药知识的行列；优化经营网点布局，提高我国生物农药的市场可及度，减少由于农药信息不对称带来的败德行为与逆选择等市场效率损失。

三 对农药技术选择的政策规制

一项技术创新，最终要通过扩散至终端用户以实现其创新价值。同样，一项具有生态安全的农药技术创新能否在广大农业经营者中得以推广应用，对解决农产品安全问题至关重要。第三章通过调研实证分析了农户对生物农药选择意愿的影响因子，发现农户年龄、受教育程度、农产品种植面积、兼业化程度以及农户的农产品安全意识是影响农户选择生物农药与否的显著性因素。因而，现阶段针对技术选择方——农户的政策规制应从以下几方面着手。

（1）加快农业经营模式多元化运作，实现面向现代农业的转型升级。现代农业提倡高效、外向、生态农业，要求提高农产品生产的经济、生态和社会效益，要适应日趋严峻的国内外竞争压力，因而，必须改变以往单一的家庭化经营模式，尤其在一些欠发达地区的"613860部队"[①]的生产模式。大力建设环境友好型、生态安全型的农业现代化示范园区、台创园、都市农业、家庭农场等多元化的经营模式，吸引更多的优秀人才加入农业经营，改变传统的粗放式农业经营理念，保障农产品质量安全。

（2）加大针对农户的教育培训，提升农户专业知识存量。已有大量国内外文献证实，受教育程度与农户采用新技术呈正相关关系。虽然在本书第三章，得出的结论是随着受教育程度的提高，农户个体对生物农药的选择意愿降低。这一方面故然是受教育程度高的农户由于学习能力与接受新技术的能力较强，可能会倾向于选择生物农药，但同时也存在着这种可能，即随着受教育程度的提高，农户个体在进行决策时会更多地考虑施用生物农药的成本高于施用化学农药的成本。因此，仅通过国民教育系统来提升农户的文化水平是不够的，还应通过现场技术指导、科技下乡、网络等多种手段，有针对性地加大生物农药知识、使用技术等知识与技能的培训与推广，使农户能快捷方便地了解生物农药的最新技术与市场信息，切实提升农户的专业知识存量，强化全民农产品安全意识，尤其是农户的用药安全意识，引导农户对生物农药的选择意愿。

（3）借助新型城镇化的历史性契机，推进农业转型升级。2010年，

[①] 所谓"613860部队"，是指在一些欠发达地区，青壮年外出打工，仅由留守的儿童、妇女、老年人等老弱劳动力进行粗放式农业种植活动。

我国的人均 GDP 为 4260 美元，2011 年，我国城镇化率提升至 51.7%，城镇人口第一次超过农村人口。这两个指标标志着我国正从原来的乡土中国转向城市中国。按照《国家新型城镇化规划（2014—2020）》的新型城镇化思路，未来几年我国的农业将发生巨大变革。近两年已有不少学者对新型城镇化带给我国经济社会诸方面的影响进行了大量的分析（沈清基，2013；廖文根，2013；郑榕妍，2014）。新型城镇化对于我国农业的转型升级提出了更高的要求。实现农业现代化所要求的农产品安全、生态安全，尤其是生物农药的推广使用在土地集约化经营条件下更容易实现。因而，新型城镇化为生物农药产业的发展提供了一个历史性的契机，在未来几年，农村土地的集中流转将不断提高土地资源的使用效率，改变农业以往的细碎化、兼业化经营状态，走上现代化、集约化的农业转型之路。

第六节 小结

本章把政策规制纳入本书的研究框架，构建了一个囊括"技术进步方向—技术扩散—技术选择—政策规制"的有机体系。通过分析影响农药技术进步方向的因素，本书认为，国际环境、社会环境、经济环境与政策环境等因素共同构成了影响农药技术进步方向的宏观环境。生物农药产业的市场结构与产品结构则构成了影响农药技术进步方向的中观环境。此外，技术供给、推广中介、流通环节以及技术采纳四个环节在微观层面影响着农药技术进步的方向。

基于上述分析，本书认为借由农业技术进步方向的角度解决我国农产品安全生产问题，应从农药的技术进步方向、农药的技术扩散过程以及农药技术选择过程三个环节进行有效的政策规制，因此，在前几章理论与实证分析的基础上，本章将政策规制纳入分析框架，通过构建"农药技术进步方向—技术扩散—技术选择—政策规制"的动态框架，系统地解构农药技术进步方向对中国农产品安全的影响机理，实现第四章 ADTC 模型的纵向深入，为从农业技术进步方向的角度来剖析、解决农产品安全问题提供了一个更为完整的思路。

第八章

结论与讨论

第一节　主要结论

近年来，国内外农产品安全问题频繁发生，如何从根源上遏制农产品安全问题是关系国计民生、国家安全的重要课题。在农产品安全生产过程中，农业技术进步扮演着重要角色。不同的农业技术进步方向影响了农产品生产的安全性。因而，分析农产品安全生产问题必须放弃现有文献对技术给定的假设，对农产品安全政策要进行深度的经济学解析的一个令人满意的研究框架，必须包括不同类型技术对政策的内生反应，在此框架下，农产品安全生产问题可追溯至两种不同方向的农业技术进步。这为分析农产品安全问题提供了一个不同于现有文献的全新思路。

现代农业生产中，农药作为一种重要的农业投入品，是保障农产品产量安全的一个重要技术手段，但同时也是造成农产品安全的主要污染源。农药技术呈现两个不同技术进步方向：化学农药与生物农药。在我国，宏观、微观两个不同层面上都存在着这两个不同农药技术进步方向上的"逆选择"现象，即在农产品生产过程中，"不安全的"化学农药技术更容易被经营者所选择性地接受，而"安全的"生物农药技术则与之相反，导致农药尤其是化学农药的过度使用和不规范使用，严重影响了我国农产品的生产安全。调查发现，这种农产品生产技术市场上的"劣币驱逐良币"现象确实存在，而农户的个体特征、家庭特征、对生物农药的认知以及农产品安全意识等因子均会对农户的农药选择意愿产生影响，通过实证分析，我们发现，农户的年龄、受教育水平以及收入构成等因素对农户的生物农药选择意愿有着显著的负面影响，而种植面积、农产品安全意识等因素则对农户的生物农药选择意愿有着较明显的正面影响。

农药技术的方向性演进与扩散必将在源头上对农产品安全产生显著影

响。文稿基于阿西莫格鲁的 DTC 模型，构建了一个包括农药生产者、两种不同类型农药创新者、农药消费者的内生性农业技术进步方向（ADTC）模型，并侧重考虑了这两个部门的投入要素互补的情况，通过构建效用与环境双重约束下农药技术进步方向的内生增长模型，刻画其均衡的结构以及分析政策介入后创新资源在两个生产部门的重新配置情况并将之应用于分析农产品安全问题，进而研究两种方向的技术进步对政策的内生反应。模型分析表明，技术进步方向对农产品生产安全问题至关重要，技术进步的方向取决于两个生产部门创新活动的相对期望收益，技术进步效应、价格效应和市场规模效应三种效应决定了创新资源的技术进步方向。当两种要素投入互补，即 $\varepsilon<1$，价格效应占主导地位，创新首先发生在不安全的生产部门，且不安全技术的扩散速度快于安全技术。在自由放任状态下，技术进步方向无法调整，不安全的生产部门创新速度会快于安全生产部门，农产品安全灾难性的后果难以避免。而短期津贴和税收会使技术进步转向，阻止农产品安全灾难性后果的发生，这充分显示了技术进步方向的重要性。因此，作为社会政策制定者的社会计划者可以通过各种政策手段引导农业技术进步方向，从而在社会福利最大化的前提下实现农业创新资源的优化配置，从根源上缓解农产品安全问题。

对生物农药与化学农药这两种技术的扩散与选择过程进行的实证结果表明，区别于 DTC 模型中两种技术的相互替代关系，生物农药与化学农药两种技术呈现明显的互补特征。通过对我国 2000—2012 年间生物农药产业和化学农药产业的计量分析，发现化学农药产业的技术进步水平、技术扩散速度以及技术进步贡献率等各项指标均大大高于同期生物农药产业的水平。

两种类型的技术进步由于扩散速度的不同而导致技术市场上的逆选择，随后的两个案例从不同角度进一步为本研究的这一预设提供了有力的佐证。从对浙江罗幔杨梅技术的扩散和选择过程的分析可以看出，农业技术扩散是一个动态的渗透过程。由于农业科技的公共产品属性，在扩散过程中经常表现出更多异于其他技术扩散的特征。它是技术从不成熟到成熟的一种动态变化，农业技术培育的动态化、农户选择新技术的规模报酬、新技术供给者与采纳者的"干中学"的学习效应、采用者的异质性行为、产业政策等因素必须被纳入分析框架。在一项新技术的示范阶段和推广阶段，技术门槛与成本门槛一定程度上会影响异质性农户的决策，进而抑制其扩散速度与扩散效果。

通过规范分析与实证分析,本书基于内生性技术进步方向模型构建了"技术进步方向—技术扩散—技术选择"三环式的理论构架,并认为借由农业技术进步方向的角度解决我国农产品安全生产问题,应从农药的技术进步方向、农药的技术扩散过程以及农药技术选择过程三个环节进行有效的政策规制,由此构建"农药技术进步方向—技术扩散—技术选择—政策规制"的动态框架,系统地解构农药技术进步方向对中国农产品安全的影响机理。针对我国农产品安全问题,为促进农产品安全保障、推动创新资源整合并最终实现农业发展方式转变,应从源头上提供更有效的规制路径。

第二节 政策建议

技术进步方向对农产品安全生产问题至关重要。这一命题不仅是本书的重要结论,也为基于农业技术进步方向从根源上解决农产品安全生产问题提供了理论可能。结合本研究理论和实证的结论,本书认为,应针对农药的技术进步方向、农药的技术扩散过程以及农药的技术选择过程三个环节进行有效的政策规制,具体的政策建议如下:

第一,运用税收和津贴等方法作用于农药技术创新部门,实现创新资源的优化配置,以实现农药技术进步方向的重置与优化。(1)鼓励生物农药部门创新。通过对生物农药创新部门发放创新津贴或加大项目扶持的力度与广度,旨在对生物农药研发部门的创新行为形成有效激励;(2)引导化学农药创新部门转型、转向。通过项目计划编制的修订,逐渐形成我国化学农药创新部门的新导向,引导和扶持化学农药创新部门在化学生物农药、精细化工、生物农药等安全、经济、高效、低毒、低残留的环境友好型绿色农药领域的基础研究和技术创新。

第二,通过优化生物农药技术扩散的政策环境、优化产品结构与市场结构、完善各级各类农技推广体系、理顺农药流通体系等手段对农药技术扩散过程实施规制。(1)优化生物农药技术扩散的政策环境,通过对使用生物农药的农户实施补贴,强化农产品的产后监测,运用市场导向激励生物农药技术的扩散与选择,提高农户对生物农药的认知度和使用积极性。通过对高污染高耗能的化学农药生产企业提高税赋比例,对生产生农药的企业给予税费减免和发放补贴，完善生物农药登记制度，为我国中小生物农药企业营造良好的政策环境；（2）优化生物农药产业的产品结构和市场结构，鼓励农药研发创新部门与行业龙头企业联合构建生物农药产业联盟，并加大政策倾斜力度，优化配置创新资源和生产资源。对优质大中型生物农药企业给予并购政策的倾斜支持，提高市场集中度，优化市场结构，主动创造生物农药产业的发展新机遇。在重点扶持科研院所的同时，兼顾以企业为主的创新主体多元化发展，使企业真正成为推动生物农药技术进步的主体；（3）完善政府的各级农技推广体系，尤其是强化基层农技推广站的建设，加大对基层技术推广人员的技术培训、资金保障与各类政策支持，进一步完善包括各种农村专业技术协会组织、生物农药企业等形式与主体在内的非政府农技推广组织；（4）通过提高经营者准入门槛，提升农药经营者资质，优化经营网点布局，提高生物农药的市场可及度，理顺生物农药的流通体系。

第三，从农业经营模式、农户专业技能培训、土地集约等方面对农药技术选择过程进行规制。（1）农业经营模式多元化运作。加快农业经营模式多元化运作，实现面向现代农业的转型升级，吸引更多的优秀人才加入农业经营，改变传统的粗放式农业经营理念，保障农产品质量安全，提高农产品生产的经济、生态和社会三方面的效益；（2）加大针对农户的教育培训，提升农户专业知识存量。通过现场技术指导、科技下乡、网络等多种手段，有针对性地加大生物农药知识、使用技术等知识与技能的培训与推广，使农户能快捷方便地了解生物农药的最新技术与市场信息，切实提升农户的专业知识存量，强化全民农产品安全意识，尤其是农户的用药安全意识，引导农户增强对生物农药的选择意愿；（3）借助新型城镇化的历史性契机，推进农业转型升级。生物农药的推广使用在土地集约化经营条件下更容易实现。新型城镇化的建设为生物农药产业的发展提供了难得的历史性契机，借助这一契机，可改变农业传统的细碎化、兼业化经营状态，走现代化、集约化的农业转型之路，实现农业现代化所要求的农产品安全、生态安全。

第三节　研究展望

本书将农业技术进步方向纳入内生增长模型，为技术进步方向模型拓宽了应用范围，并在现有的农业技术进步理论范围内进一步边际拓展，通过对两种类型农药技术的扩散速度进行测定，为农产品生产技术市场上的"劣币驱逐良币"现象提供了更有说服力的理论解释，通过农药技术进步方向对农产品安全影响机理的解构，为分析农产品安全生产（包括食品安全）问题提供一种新的理论视角与思路，并针对农产品安全生产问题提出了具体的政策建议。但由于主客观的因素，仍有一些问题尚未完全解决，还有待于进一步的研究与拓展：

第一，在农药技术市场上存在着"劣币驱逐良币"的逆选择现象，正是通过对这一现象的实证描述才为后文的理论分析奠定了事实基础。由于指标的量化和大样本数据的获取存在较大难度，文稿通过一个小样本的实地调研，认为影响农户对生物农药选择意愿的主要因素有农户年龄、受教育程度、农产品安全意识和种植面积等变量。随着数据资料的完善和计量方法的进一步发展，可以尝试在更大范围内进行分区域获取大容量样本数据，对农药技术创新所面临的逆选择困境进行更加细致的量化分析。

第二，本书的理论基础是新古典内生增长理论，并在技术进步方向模型（DTC）基础上构建了农业技术进步方向模型。与 DTC 模型不同的是，本书认为两种农业技术创新之间的关系是互补（$\varepsilon < 1$）而非相互替代关系，更非 DTC 模型所认为的强替代关系（$\varepsilon > 1$）。基于此，本书得出了与以往文献不同的结论并构成了全文的理论基础。那么，我们下一步要考虑的问题是，对两种技术创新关系的这种互补认定是否会限制模型在更广范围内的应用？化学农药与生物农药的互补关系是否仅仅是 DTC 模型的一个仅有的反例？能否在农产品安全、药物管制等方向探索这一模型的更广泛应用？

第三，食品安全问题尤其是农产品安全问题是全世界各国共同面临的问题，并不为中国所独有。尤其是以色列、日本、欧盟、美国、印度等国家与地区，化学农药的减量化使用以及生物农药的大规模推广应用也面临着与我国同样的困境，但对农产品安全生产的政策规制却出现较明显的差异。由于客观原因限制，本书并未对此问题进行跨国的比较研究，这将是本研究下一步的研究内容。

参考文献

[1] Acemoglu, D., Aghion P., Bursztyz L, Hemous D. The Environment and Directed Technical Change. NBER Working Paper 15451, 2009.

[2] Acemoglu, D. Patterns of Skill Premia, Review of Economics Studies, 2003, (70): 199 - 230.

[3] Acemoglu, D. and F. Zilibotti. Productivity Differences. NBER Working Paper, 1999, No. 6879.

[4] Acemoglu, D. Directed Technical Change, Review of Economic Studies, 2002, (69): 781 - 809.

[5] Acemoglu, D. Technology Change, Inequality and Labor Market, Journal of Economic Literature, 2002, 40 (1): 7 - 72.

[6] Ademola A. Adenle, et al., Developing GM Super Cassava for Improved Health and Food Security: future Challenges in Africa, Agriculture & Food Security, 2012, (8): 1 - 11.

[7] Aghion, Philippe & Peter Howitt. A Model of Growth through Creative Destruction, Econometrica, 1992, (60): 321 - 351.

[8] Antle. J. M. Choice and Efficiency in Food Safety Policy, Wastington, DC: AEI Press, 1995: 25 - 26.

[9] B. James Deaton, John P. Hoehn. The Social Construction of Production Externalities In Contemporary Agriculture: Process Versus Product Standards as The Basis for Defining "organic", Agriculture and Human Values, 2005, (1) 22: 31 - 38.

[10] Barro, R. & X. Sala - i - Martin. Technological Diffusion, Convergence, and Growth, Joumal of Economic Growth, 1997, (2) 1: 1 - 26.

[11] Bass F. M. The Relationship between Diffuseion Rates, Experience

Curves, and Demand Elasticityes Forconsumer Durable Technological Innovateion, Journal of Business, 1980 (11): 57 – 67.

[12] Basu, S. and D. Weil. Appropriate Technology and Growth, Quarterly Journal of Economics, 1998, (113) 4: 1025 – 1054.

[13] Beddington. et al. . The Role for Scientists in Tackling Food Insecurity and Climate Change, Agriculture & Food Security, 2012, (1): 10 – 23.

[14] Bloom D. , Canning D. and J. Sevilla. Technological Diffusion, Conditional Convergence, and Economic Growth. NBER Working Paper, 2002, No. 8713.

[15] Brown LR: World Facing Huge New Challenge on food front. Business as usual not a viable option. Earth Policy Institute, lanb Update, 16th April 2008. http: //www. earth – policy. org/plan _ b _ updates/2008/update72.

[16] C. Wagner Weick, S. B. Walchli. Genetically engineered crops and foods: back to the basics of technology diffusion, Technology in Society, 2002 (24): 265 – 283.

[17] Caselli, F. and W. J. Coleman II. The world Technology Frontier. NBER Working Paper, 2000, No. 7904.

[18] Chenery, H. B. Comparative Advantage and Development Policy, American Economic Review, 1961, (51) 1: 18 – 61.

[19] Corrado Di Maria, Edwin van der Werf. Carbon leakage revisited: unilateral climate policy with directed technical change, Environ Resource Econ, 2008, (39): 55 – 74.

[20] Crompton P. The diffusion of new steelmaking technology , Resources Policy, 2001, (27): 87 – 95.

[21] Desiraju R. , Nair H. , Chintagunta P. , Diffusion of new pharmaceutical drugs in developing and developed nations, International Journal of Reasearch in Marketing, 2004, (21): 67 – 85.

[22] Diana Stuart. Constrained Choice and Ethical Dilemmas in Land Management: Environmental Quality and Food Safety in California Agriculture, Journal of Agricultural and Environmental Ethics, February 2009, (22) 1: 53 – 71.

[23] Diana Stuart. The illusion of control: industrialized agriculture, nature, and food safety, Agriculture and Human Values, June 2008, (25) 2: 177 - 181.

[24] Easterlin R. A. Feeding the Illusion of Growth and Happiness: A Reply to Hagerty and Veenhoven, Social Indicators Research, 2005, (3): 429 - 443.

[25] Ederington, Josh, McCalman, Phillip, Technology Adoption, Government Policy and Tariffication, Journal of International Economics, 2013, (5): 114 - 165.

[26] Eric Giraud - Héraud. et al,. Agrifood Safety Standards, Market Power, and Consumer Misperceptions, Journal of Food Products Marketing, 2009, (16) 1: 92 - 128.

[27] Felipe, J. & McCombie, J. S. L. Biased technological change, growth accounting, and the conundrum of the East Asian miracle, Journal of Comparative Economics, 2001 (29), 542 - 565.

[28] Funman J. L., Porter M. E., Stem S., The determinants of national inoovative capacity, Research Policy, 2002 (31): 89 - 103.

[29] Gallup J. L., Sachs J. D., and A. Mellinger. Geography and Economic Development, International Regional Science Review, 1999, (22): 179 - 232.

[30] Gancia, Gino and Fabrizio Zilibotti, Horizontal Innovation in the Theory of Growth and Development, in Philippe Aghion and Steven Durlauf, ed., Handbook of Economic Growth, Amsterdam: Elsevier, 2005.

[31] Gatignon H. J., Eliashberg T. S., Roberson, Modeling multinational diffusion diffusion patterns: a efficient methodology, Marketing Science, 1998, (3): 91 - 109.

[32] Gino Gancia, Alessandra Bonfiglioli. North - South trade and directed technological change, Journal of International Economics, 2008, (76) 2: 276 - 295.

[33] Griliches Z., Hybrid corn: an exploration in the economics of technological change, Econometrica, 1957, (25): 501 - 522.

[34] Grossman, G. M. and E. Helpman. Endogenous Innovation in the Theory

of Growth, Journal of Economic Perspectives, 1994, (8) 4: 23 – 44.

[35] Hagerty M. R. , Veenhoven R. Wealth and Happiness Revisited: Growing National Income Does Go with Greater Happiness, Social Indicators Research, 2003, (1): 1 – 27.

[36] Hart, Rob, The natural – resource see – saw: Resource extraction and consumption with directed technological change. Presented at EAERE 2009; currently in submission, 2009.

[37] Hicks, J. , The Theory of Wages [M], Macmillan, 1932.

[38] Hokkanen M. , A Hajek. Environmental impacts of microbial insecticides, Kluwer Academic Publishers. Dordrecht, the Netherlands, 2003.

[39] Inglehart R, Roberto Foa, Christopher Peterson, Christian Welzel. Development, Freedom, and Rising Happiness: A Global Perspective (1981 – 2007), Perspectives on Psychological, 2009, (23): 213 – 235.

[40] Inglehart R. Culture Shift in Advanced Industrial Society, Princeton, NJ: Princeton University Press, 1990.

[41] Inglehart R. Modernization and Postmodernization: Cultural, Economic and Political Change in 43 Societies, Princeton, NJ: Princeton University Press, 1997.

[42] Ishaaya I, Horowitz A R. Biorational Control of Arthropod Pests, London: Springer Press, 2009.

[43] Islam N. Growth Empirics: A Panel Data Approach, Quarterly Journal of Economics, 1995, (1): 110 – 132.

[44] Jenson R. , Adoption and diffusion of an innovation of uncertain profitability, Journal of Economic Theory, 1982, (27): 182 – 193.

[45] Jones, C. I. , R&D – Based Models Of Economic Growth, Journal of Political Economy, 1995, 103 (4), 759 – 784.

[46] Jones, Charles I. , Introduction to Economic Growth [M], second edition ed. , Norton, 2002.

[47] Jun D. B. , Park Y. S. , A choice based diffusion model for multiple generations of products , Technological Forecasting and Social Change, 1999, (61): 43 – 72.

[48] Kahneman D., Krueger A. B., Developments in the Measurement of Subjective Well-being, Journal of Economic Perspectives, 2006, (1): 3 – 24.

[49] Kennedy, Charles, Induced Bias in Innovation and the Theory of Distribution, The Economic Journal, 1964, 74 (295), 541 – 547.

[50] Kenny C. Does Development Make You Happy? Subjective Wellbeing and Economic Growth in Developing Countries, Social Indicators Research, 2004, (1): 1 – 22.

[51] Kiley, M. T., The supply of skilled labour and skill – biased technological progress, Economic Journal, 1999, 109 (458), 708 – 724.

[52] Kruger, A. O. Economic Policy Reform in Developing Countries [M], Oxford: Basil Blackwell, 1992.

[53] Lahm, P. G., Cordova D., Barry D. J. New and selective ryanodine receptor activators for insect control, Bioorg Med Chem, 2009, 17: 4127 – 4133.

[54] Lekvall, P. and C., Wahlbin., A study of some assumptions underlying innovation diffusion, Swedish Journal of Economics, 1972, (21): 362 – 377.

[55] Lin, J. Y., and G. Tan. Policy Burdens, Accountability, and the Soft Budget Constraint, American Economic Review: Papers and Proceedings, 1999, (89) 2: 342 – 372.

[56] Link, A. N. Technological change and productivity growth, London: Harwood Academic Publishers. 1987.

[57] Lueas, R. E. Jr. Making a Miracle , Econometrica, 1993, (61) 2: 251 – 262.

[58] Mandal S. M. A., B K Mishra & P R Mishra. Efficacy and economics of some bio—pesticides in managing Helicoverpa armigera (Hubner) on chickpea, Annals of Plant Protection Sciences. 2003, 11: 201 – 203.

[59] Mankiw, N. G. Comment on The Neoclassical Revival in Growth Economics: Has it Gone too Far, in Bernanke, B. and J. Rotemberg, eds., 1997, NBER Macroeconomies Annual: 103 – 107, Cambridge, MA, MIT Press.

[60] Mansfield E. Technical change and the rate of imitation, Econometrica, 1961, (29): 741 - 766.

[61] McCardle, K. Information acquisition and the adoption of new technology, Management Science, 1985, (21): 1372 - 1389.

[62] Minten B, Barrett C. B. Agricultural Technology, Productivity, and Poverty in Madagascar, World Development. 2008, (36): 797 - 822.

[63] Paul L. Robertson, Parimal R. Patel, New wine in old bottles: Technological diffusion in developed economies, Research Policy, 2007, (36): 586 - 612.

[64] Pearson, et al. Partners in Development: Report of the Commission on International Development [M], New York: Praeger, 1969.

[65] Prescott, E. C. Needed: A Theory of Total Factor Productivity, International Economic Review, 1998, (39): 431 - 457.

[66] Putsis W. P., Parameter variation and new product diffusion, Journal of Forecasting, 1998, (17): 3 - 4.

[67] Renee B. Kim. Meeting Consumer Concerns for Food Safety in South Korea: The Importance of Food Safety and Ethics in a Globalizing Market, Journal of Agricultural and Environmental Ethics. 2009, (22) 2: 141 - 152.

[68] Rogers E. M. Diffusion of innovations, NewYork: Free Press, 1995.

[69] Romer, Paul M., Endogenous technological change, Journal of Political Economy, 1990, (98): 71 - 102.

[70] Romer, Paul M., The origins of endogenous growth, Journal of Economic Perspectives, 1994, (8): 3 - 22.

[71] Sachs J. D., &A. Warne. Economic Reform and the Process of Global Integration, Brookings Papers on Economic Activity. 1995, (1): 1 - 118.

[72] Sasson. Food security forAfrica: an urgent global challenge, Agriculture & Food Security 2012 (1): 2 - 34.

[73] Solow, Robert M., A contribution to the theory of economic growth, Quarterly Journal of Economics, 1956, (70), 65 - 94.

[74] Solow, R. M., Technical change and the aggregate production function, The Revies of Economics and Statistics, 1957, (39): 312 - 320.

[75] Solow, R. M., A contribution to the theory of economic growth, Quarterly Journal of Economies, 1956, (70) 1: 65-94.

[76] Tali Kristal. Good Times, Bad Times, Postwar Labor's Share of National Income in Capitalist Democracies, American Sociological Review, 2010, (75) 5: 729-763.

[77] Tali Kristal. The Capitalist Machine: Computerization, Workers' Power, and the Decline in Labor's Share within U. S. Industries, American Sociological Review, 2013, (78) 3: 361-389.

[78] VM Otto, A Löschel, J Reilly, Directed technical change and differentiation of climate policy, Energy Economics, 2008, (30) 6: 2855-2878.

[79] Wareham J., Wireless diffusion and mobile implications for the digital divide, Telecommunications Policy, 2004, (28): 432-465.

[80] Williamson, J. G., Globalization, Convergence, and History. NBER Working Paper, 1995, No. 5259.

[81] Yamamoto I., Casida J. E. Nicotinoid insecticides and the nicotinic acetylcholine receptor, Tokyo: Springer Press, 1999.

[82] Yong-Tae Park. Tecchnology diffusion policy: a review and classification of policy practices, Technology in Society, 1999, (21): 275-286.

[83] （中国台湾）许嘉伊：《全球生物农药产业概况与发展趋势》，2011年海峡两岸生物防治研讨会，2011年。

[84] ［美］约翰梅尔：《农业经济发展学》，何宝玉、王华、张进选译，农村读物出版社1988年版。

[85] T. W. Schultz：《人力资本投资》，商务印书馆1990年版。

[86] 白体坤：《农药与农产品生产安全》，《植物医生》2012年第2期。

[87] 曹正汉、周杰：《社会风险与地方分权——中国食品安全监管被告地方分级管理的原因》，《社会学研究》2013年第1期。

[88] 常向阳、姚华锋：《农业技术选择影响因素的实证分析》，《中国农村经济》2005年第10期。

[89] 陈斌开、林毅夫：《重工业优先发展战略、城市化与城乡收入差距》，《南开经济研究》2010年第1期。

[90] 陈华宁：《欧盟、日本农产品质量安全立法及其启示》，《世界农

业》2007 年第 9 期。

[91] 陈开军、贺彩银、张永丽:《剩余劳动力转移与农业技术进步》,《农业经济研究》2010 年第 1 期。

[92] 陈凯:《农业技术进步的测度——兼评我国农业科技进步贡献率测算方法》,《农业现代化研究》2000 年第 2 期。

[93] 陈蕾蕾、祝清峻等:《我国农产品安全问题的现状与对策》,《农产品加工》2010 年第 3 期。

[94] 陈丽珍、王术文:《技术扩散及其相关概念辨析》,《现代管理科学》2005 年第 2 期。

[95] 崔卫东、王忠贤:《完善农产品质量安全法制体系的探讨》,《农业经济问题》2005 年第 1 期。

[96] 戴天仕、徐现祥:《中国的技术进步方向》,《世界经济》2010 年第 11 期。

[97] 邓正华、杨新荣、张俊飚:《政府主导下环境导向型农业技术扩散研究》,《中国农业科技导报》2012 年第 14 卷第 6 期。

[98] 董鸿鹏、吕杰、周艳波:《农户技术选择行为的影响因素分析》,《农业经济》2007 年第 8 期。

[99] 樊慧玲:《政府食品安全规制与企业社会责任的耦合研究》,博士学位论文,东北财经大学,2012 年。

[100] 方敏:《论绿色食品供应链的选择与优化》,《中国农村经济》2003 年第 4 期。

[101] 房瑞景:《食品质量安全溯源信息传递行为及监管体系研究》,博士学位论文,沈阳农业大学,2012 年。

[102] 龚强、张一林、余建宇:《激励、信息与食品安全规制》,《经济研究》2013 年第 3 期。

[103] 顾焕章、王培志等:《农业技术进步对农业经济增长贡献的定量研究》,《农业技术经济》1994 年第 5 期。

[104] 郭万山、于占东:《要素禀赋非均衡分布条件下技术创新模式选择——兼评"比较优势战略"与"逆比较优势战略"之争》,《财经问题研究》2010 年第 1 期。

[105] 胡定寰:《试论"超市 + 农产品加工企业 + 农户"新模式》,《农业经济问题》2006 年第 1 期。

[106] 胡定金、王伟:《我国农产品质量安全存在的问题与对策》,《湖北农业科学》2006 年第 5 期。

[107] 江英华:《省农科院专家研制专克果蝇的"三大武器"——"蒙古包"里产出无虫安全杨梅》,《浙江科技报》2012 年 7 月 5 日。

[108] 巨修练:《化学农药与生物农药的内涵与外延》,《农药》2011 年第 50 卷第 2 期。

[109] 李飞跃:《技术选择与经济发展》,《世界经济》2012 年第 2 期。

[110] 李洁:《资源节约、环境友好技术选择研究》,博士学位论文,中国人民大学,2008 年。

[111] 李庆江、冯忠泽:《信息非对称条件下农产品质量安全事件发生机制分析》,《中国农学通报》2007 年第 12 期。

[112] 李同升、王武科:《农业科技园技术扩散的机制与模式研究——以杨凌农业示范区为例》,《世界地理研究》2008 年第 1 期。

[113] 李铜山、雷海章:《发达国家食用农产品安全生产策略性目的理念及其启示》,《生态经济》2008 年第 4 期。

[114] 李铜山:《论食用农产品安全生产技术创新机制及其完善》,《生态经济》2009 年第 11 期。

[115] 李铜山:《食用农产品安全生产长效机制和支撑体系建设研究》,博士学位论文,华中农业大学,2008 年。

[116] 李想:《食品安全的经济理论研究》,博士学位论文,复旦大学,2012 年。

[117] 李哲敏:《中国农产品质量安全发展概况及对策分析》,《中国农学通报》2008 年第 24 卷第 12 期。

[118] 李中东:《农产品安全的技术控制分析》,《中国科技论坛》2007 年第 4 期。

[119] 梁平、梁彭勇:《中国农业技术进步的路径与效率研究》,《财贸研究》2009 年第 3 期。

[120] 林镝、曲英:《中美食品安全管理体制比较研究》,《武汉理工大学学报:信息与管理工程版》2004 年第 3 期。

[121] 林毅夫、董先安、殷韦:《技术选择、技术扩散与经济收敛》,《财经问题研究》2004 年第 6 期。

[122] 林毅夫、刘培林:《经济发展战略对劳动资本积累和技术进步的影

响——基于中国经验的实证研究》,《中国社会科学》2003 年第 4 期。

[123] 林毅夫、潘士远、刘明兴:《技术选择、制度与经济发展》,《经济学(季刊)》2006 年第 5 卷第 3 期。

[124] 林毅夫、张鹏飞:《适宜技术、技术选择和发展中国家的经济增长》,《经济学(季刊)》2006 年第 5 卷第 4 期。

[125] 林毅夫:《制度、技术与中国农业发展》,上海人民出版社 2005 年版。

[126] 蔺丰奇:《新标尺——国民幸福指数》,《国情观察》2006 年第 7 期。

[127] 刘红梅、王克强、黄智俊:《影响中国农户采用节水灌溉技术行为的因素分析》,《中国农村经济》2008 年第 4 期。

[128] 刘辉、李小芹、李同升:《农业技术扩散的因素及动力机制分析——以杨凌农业示范区为例》,《农业现代化研究》2005 年第 3 期。

[129] 刘汶荣、李建华:《技术创新的复杂性特征研究》,《当代经济研究》2008 年第 8 期。

[130] 刘笑明、李同升:《农业技术创新扩散的国际经验及国内趋势》,《经济地理》2006 年第 6 期。

[131] 马东生等:《浅析生物农药及其应用现状与对策》,《吉林农业科学》2007 年第 32 卷第 4 期。

[132] 毛新志、张利平、顾海英等:《转基因食品标签管制与消费者的知情选择权》,《科学学研究》2005 年第 23 卷第 4 期。

[133] 苗文龙、万杰:《经济运行中的技术进步与选择——基于中国技术发展路径与经济增长、就业关系的实证分析》,《经济评论》2005 年第 3 期。

[134] 苗元江:《从幸福感到幸福指数——发展中的幸福感研究》,《南京社会科学》2009 年第 11 期。

[135] 潘士远:《技术选择、工资不平等与经济发展》,浙江大学出版社 2009 年版。

[136] 潘士远:《贸易自由化、有偏的学习效应与发展中国家的工资差异》,《经济研究》2007 年第 6 期。

参考文献

[137] 潘士远：《最优专利制度、技术进步方向与工资不平等》，《经济研究》2008年第1期。

[138] 浦徐进、吴林海、曹文彬：《农户施用农药行为的自我约束机制：元制度、社区规范和均衡》，《科技与经济》2010年第23卷第1期。

[139] 浦徐进、吴林海、曹文彬：《农户施用生物农药行为的引导——一个学习进化的视角》，《农业系统科学与综合研究》2011年第27卷第2期。

[140] 钱永忠、王芳：《我国农产品质量安全存在问题及成因分析》，《农业经济》2008年第2期。

[141] 钱原格等：《农产品安全生产与监控关键技术研究进展》，《中国农学通报》2011年第27卷第11期。

[142] 乔娟、李秉龙：《中国食品质量安全问题的原因与对策探讨》，《食品安全》2008年第44卷第8期。

[143] 邱成军：《我国农产品安全现状评述》，《农业网络信息》2007年第2期。

[144] 邱德文：《生物农药研究进展与未来展望》，《植物保护》2013年第39卷第5期。

[145] 邱德文：《我国生物农药产业现状分析及发展战略的思考》，《生物产业技术》2011年第5期。

[146] 邱伟、张剑峰：《国信证券，农产品牛市下的中国农药行业》，《国信证券行业分析报告》，2010年。

[147] 阮松林等：《杭州市生物农药发展现状及对策》，《浙江农业科学》2011年第3期。

[148] ［日］上田富雄：《生物农药的现状及开发动向》，张思华译，《农药译丛》1993年第15卷第6期。

[149] 沈寅初、张一宾：《生物农药》，化学工业出版社2000年版。

[150] 沈迎春：《江苏发展生物农药产业探讨》，《农药科学与管理》2011年第32卷第11期。

[151] 史金善、季莉娅：《农业龙头企业技术创新扩散运行机制剖析》，《科技管理研究》2008年第12期。

[152] 宋德军、刘阳：《中国农业技术扩散速度测定及发展策略研究》，

《科技与经济》2008 年第 12 期。

[153] 宋启道、方佳、李玉萍等：《农业产地环境污染与农产品质量安全探讨》，《农业环境与发展》2008 年第 2 期。

[154] 宋仲容、高志强、何家洪：《农药研究现状及应用评述》，《农机化研究》2007 年第 7 期。

[155] [日] 速水佑次郎、弗农·拉坦：《农业发展的国际分析》，中国社会科学出版社 2000 年版。

[156] 孙志鹏：《幸福指数研究述评》，《才智》2012 年第 6 期。

[157] 汪鸿昌等：《食品安全治理——基于信息技术与制度安排相结合的研究》，《中国工业经济》2013 年第 3 期。

[158] 王可山：《食品安全管理研究：现状述评、关键问题与逻辑框架》，《管理世界》2012 年第 10 期。

[159] 王林辉、袁礼：《技术进步偏向性会引导投资结构吗？》，《学海》2012 年第 3 期。

[160] 王林辉、袁礼：《要素结构变迁对要素生产率的影响——基于技术进步偏态的视角》，《财经研究》2012 年第 11 期。

[161] 王雅俊、王书斌：《广东省农业技术偏向与劳动力调整的定向分析》，《中国人口·资源与环境》2011 年第 1 期。

[162] 王志刚、李腾飞、韩剑龙：《食品安全规制对生产成本的影响——基于全国 334 家加工企业的实证分析》，《农业技术经济》2012 年第 11 期。

[163] 王中亮：《食品安全监管体制的国际比较及其启示》，《上海经济研究》2007 年第 12 期。

[164] 王忠锐、刘德第、蔡建设：《以专业合作社为龙头促进绿色农业发展上盘西兰花产业合作社的实践与启示》，《商业研究》2004 年第 4 期。

[165] 卫龙宝、卢光明：《农业专业合作组织实施农产品质量控制的运作机制探析——以浙江省部分农业专业合作组织为例》，《中国农村经济》2004 年第 7 期。

[166] 魏锴、杨礼胜、张昭：《对我国农业技术引进问题的政策思考——兼论农业技术进步的路径选择》，《农业经济问题》2013 年第 4 期。

[167] 吴冲:《农户新技术选择行为的影响因素分析及对策建议》,《上海农村经济》2007年第4期。

[168] 吴林海、侯博、高申荣:《基于结构方程模型的分散农户农药残留认知与主要影响因素分析》,《中国农村经济》2011年第3期。

[169] 西奥多·W.舒尔茨:《改造传统农业》,梁小民译,商务出版社2009年版。

[170] 邢占军:《中国城市居民主观幸福感量表的编制研究》,博士学位论文,华东师范大学,2003年。

[171] 徐玖平、廖志高:《技术创新扩散速度模型》,《管理学报》2004年第3期。

[172] 徐瑛、陈秀山、刘凤良:《中国技术进步贡献率的度量与分解》,《经济研究》2006年第8期。

[173] 许俊丽、吕晓男、邓勋飞等:《我国农产品质量安全现状分析》,《贵州农业科学》2009年第37卷第5期。

[174] 许晓辉、刘汶荣:《国外基于Bass模型的技术创新扩散影响因素研究述评》,《社会科学战线》2009年第10期。

[175] 严翅军:《全面小康社会的幸福指数构成探讨》,《唯实》2010年第5期。

[176] 杨海龙:《农业技术选择的驱动因子及资源环境效应——基于贵州省从江县稻作的实证研究》,博士学位论文,中国科学院,2009年。

[177] 曾蓓、崔焕金:《食品安全规制政策与阶段性特征:1978—2011》,《改革》2012年第4期。

[178] 张海燕、邓刚:《西部地区农业技术扩散速度测定及发展策略》,《统计与决策》2012年第10期。

[179] 张军:《增长、资本形成与技术选择:解释中国经济增长下降的长期因素》,《经济学(季刊)》2006年第1卷第2期。

[180] 张利国:《农户有机食品生产中的道德风险分析》,《经济问题》2008年第12期。

[181] 赵洪斌:《改革开放以来中国农业技术进步率演进的研究》,《财经研究》2004年第12期。

[182] 赵建欣:《农户安全蔬菜供给决策机制研究》,博士学位论文,浙

江大学，2008年。
[183] 赵善欢：《植物化学保护》（第三版），中国农业出版社2000年版。
[184] 赵亚翔、高素英：《农产品市场"柠檬"问题的解决：一个基于食品质量安全视角的文献综述》，《中国农学通报》2010年第26卷第10期。
[185] 赵芝俊、张社梅：《近20中国农业技术进步贡献率变动趋势》，《中国农村经济》2006年第3期。
[186] 郑东梅：《中国生物农药产业发展研究》，博士学位论文，福建农林大学，2007年。
[187] 智研咨询集团：《2013—2017年中国生物农药市场评估与发展趋势研究报告》，http：//research.chyxx.com/201212/189953.html。
[188] 中国农药工业协会（CCIPA）：《中国农药行业HSE管理规范》，2012年。
[189] 中国农业科学院农业知识产权研究中心：《中国农业知识产权创造指数报告》，2012年。
[190] 周洁红、朱丽嫣：《实施食品标签管理的政策选择》，《世界农业》2004年第3期。
[191] 周琼等：《台湾安全农业发展的财政支持策略及其借鉴》，《福建农林大学学报（哲社版）》2011年第14卷第6期。
[192] 周绍杰、胡鞍钢：《理解经济发展与社会进步：基于国民幸福的视角》，《中国软科学》2012年第1期。
[193] 周素萍：《基于技术创新网络的技术创新扩散吸收模型研究》，《软科学》2009年第10期。
[194] 周婷、王宪：《食品安全控制浅沦》，《中国卫生公共管理》2010年第3期。
[195] 周嵬、王铮：《中国三大区域增长的技术进步方向选择》，《科研管理》2003年第6期。
[196] 朱希刚：《农业科研成果经济效益计算方法》，中国农业科技出版社1993年版。
[197] 庄丽娟、庄立：《技术转移与技术扩散的概念界定和关系辩析》，《科技管理研究》2006年第8期。

问卷调查

农户生物农药应用现状及其影响因素的调查

问卷编号_____

亲爱的朋友：

您好！为了了解杭州市农户农药尤其是生物农药的使用情况，以便更好地推动农产品安全生产，我们特地开展本次问卷调查。鉴于您日常从事农业工作，对农药使用有切身体会，我们挑选您作为我们的调查对象，希望您能根据自己的情况对问卷做出尽量客观的选择。调查问卷资料仅供学术分析之用，不涉及其他用途，请在认为最符合您意愿的选项上打"√"或在"＿"填上相应信息。

衷心感谢您的参与！

联系人：×××　　　　电话：

地址：

（一）受访者情况：

1. 性别：A. 男；B. 女

2. 年龄：

A. 20 岁以下；B. 21—30 岁；C. 31—40 岁；D. 41—50 岁；E. 51 岁以上

3. 从事农业工作时间：

A. 10 年以下；B. 10—20 年；C. 20 年以上

4. 受教育情况：

A. 从未上过学；B. 小学；C. 初中；D. 高中；E. 大专以上

5. 家庭收入构成：

A. 纯农业；B. 以农为主，兼营其他；C. 以其他为主，兼营农业

6. 家庭人均年收入：

A. 5000 元以下；B. 5000—10000 元；C. 10000—15000 元；D. 15000 元以上

7. 经营模式：

A. 个体经营户；B. 企业或组织

8. 种植面积：

A. 不足 1 亩；B. 1—5 亩；C. 5—10 亩；D. 10 亩以上

9. 所种植农产品的去向：

A. 自己消费；B. 拿到市场上卖

10. 主要种植的农作物属于以下哪类？

A. 可食用（蔬菜、瓜果、粮食谷物、药材、茶叶）；B. 不可食用（花卉、苗木）

（二）农户农药选择行为调查

11. 选择农药时会考虑农药残留问题吗？

A. 会，农药残留太严重，尽可能选择对环境影响小的农药；

B. 有时会，有时不会；

C. 不会，只要杀虫效果好就行了

12. 对于您所种植的农作物，您施用什么类型的农药？

A. 化学农药；B. 生物农药；C. 没施农药

13. 您所施用的农药中，化学农药所占比重为多少？

A. 80% 以上；B. 60%—80%；C. 40%—60%；D. 20%—40%；E. 20% 以下

14. 您施用农药的频率是：

A. 定期喷施；B. 病虫害发生时

15. 您选择农药的习惯是：

A. 凭经验购买；B. 听农技员宣传；C. 听亲友推荐；D. 经销商推荐；E. 广告

16. 影响你选择农药的最主要因素是：

A. 安全、无毒副作用；B. 效果好；C. 药效快；D. 价格低；E. 技术简单

（三）农户对生物农药的认知、选择情况调查

17. 你知道生物农药吗？

A. 不知道；B. 效果不好的农药；C. 安全、不污染环境的农药

18. 您使用过生物农药吗？

A. 一直在用；B. 偶尔用；C. 用过，但现在没用；D. 没用过

19. 您是否能买到生物农药？

A. 能，很方便；B. 能，但不方便；C. 不方便

20. 政府部门对选择生物农药的农户进行补贴这一政策，你知道吗？

A. 知道；B. 不知道

21. 选择生物农药的原因（可多选）：

A. 经济效益好；B. 防治效果好；C. 在当地政府或村委会号召下使用；

D. 由政府、科研院所开展的农业科技项目的带动；

E. 有税收、补贴等优惠政策；F. 随大流

22. 您认为生物农药有哪些优点（可多选）？

A. 人畜安全；B. 药效独特；C. 对环境影响小；D. 农产品质量高；E. 其他

23. 您最不满意生物农药的哪点特性（可多选）？

A. 药效时间慢；B. 价格偏高；C. 稳定性差；D. 防治范围小；E. 其他原因

谢谢您的合作！